度 旅 ねて

この景色に出会いたかった

沖縄 慶良間諸島

【表紙の写真】
ナガンヌ島
撮影◎OKIRIP

C O N T E N T S
大人絶景旅 '24-'25年度
沖縄 慶良間諸島

本書は、「絶景で選ぶ、絶景を旅する。」をコンセプトに、
日本の美しい景色や伝統、名物名品を巡るガイドブックです。
厳選したスポットをそのまま巡れるコースを
提案しているので無理なく無駄なく、
大人の絶景旅を満喫してほしいと思います。

取り外せる
付録

●絶景ドライブ
●国際通り
●首里城公園
大判MAP

本書の使い方

データの見方

☎=電話番号		
時=営業時間・開館時間	・レストランでは開店〜ラストオーダーの時間、施設では最終入館・入場時間までを表示しています。	
休=休み	原則として年末年始、臨時休業などを除いた定休日のみを表示しています。	
料=料金	入場や施設利用に料金が必要な場合、大人料金を表示しています。	

所=所在地

交=交通
最寄り駅とそこからの所要時間、もしくは最寄りICとそこからの距離を表示しています。

MAP P.00A-0
その物件の地図上での位置を表示しています。

P=駐車場
駐車場の有無を表示しています。

P.038
本書で紹介しているページを表します。

【ご注意】
本書に掲載したデータは2023年4〜5月に確認した情報です。また、掲載店舗の営業日、営業時間の変更などがあること、ご了承ください。発行後、内容が変更される場合がありますので、お出かけの場合は最新情報をご確認ください。

営業時間や休みは原則として、通常の営業時間・定休日を記載しています。祝日や年末年始などで、紹介内容が異なる場合があります。料金は、特記以外は税込みの価格を記載しています。税抜きの場合のみ（税抜き）と表記しています。

★ホテル料金はサービス税など、各ホテルにより異なります。料金は2名1室利用の場合の1名あたりの最低料金です。
★本書に掲載された内容による損害等は弊社では補償しかねますので、あらかじめご了承ください。

D

辺戸岬
打バンタ

58

国頭村
▲与那覇岳

P.104 大宜味～国頭

村

湖

E 男女群島

上甑島

下甑島

F 宮崎県

鹿児島市 ◎ ●桜島

宇治群島

開聞岳 ▲
佐多岬
大隅海峡

硫黄島 竹島 **1**
黒島

大 隅 諸 島 種子島

口永良部島 種子島海峡
屋久島

吐噶喇列島

口之島

中之島

諏訪之瀬島 鹿児島県

悪石島

宝島

東シナ海

奄美大島 喜界島

奄美群島

加計呂麻島

2

徳之島 太平洋

沖縄諸島

沖永良部島

伊平屋島 与論島

伊是名島 辺戸岬

伊江島

粟国島

渡名喜島 沖縄島

久米島

P.11 ハテの浜 🐼 ◎那覇市

P.105 慶良間諸島 喜屋武岬

北大東島
南大東島

大東諸島

3

沖縄県

沖大東島

伊良部島

宮古島

宮古列島

南西諸島

N 0 25 50km

D **E** **F** 4

沖縄全図

詳細図 付録MAP裏
0 2.5 5km

A **B** **C**

1

P.102 名護〜本部

伊江島
伊江村
伊江島空港

マルエーフェリー
マリックスライン

伊平屋村フェリー
伊是名村フェリー

今帰仁村 古宇利島
505 今帰仁城跡
沖縄美ら海水族館
海洋博公園 屋我地島
本部町 羽地内海 大宜味村

水納島 瀬底島

449 ネオパークオキナワ
58
名護市 慶佐次湾のヒルギ林

P.54 恩納海岸〜許田
名護城跡
名護湾
許田
329
ブセナ海中公園 大浦湾 331

2

万座毛
58
恩納海岸 恩納村 宜野座村
伊芸SA 金武 宜野座
屋嘉 金武町
残波岬 金武岬
琉球村 石川
座喜味城跡 金武湾 太平洋
読谷村 伊計島
沖縄北 宮城島
嘉手納町 うるま市 平安座島
沖縄南 沖縄市 勝連城跡
北谷町 329 藪地島 浜比嘉島
北中城村 浮原島
北中城 中城城跡 カンナ崎
宜野湾市 330
浦添市 西原 中城村 中城湾 P.52 浦添〜読谷
津堅島 トマイ浜

3

P.26 那覇広域
那覇市 西原町
南原JCT 親川 P.148
那覇空港 那覇 与那原町
座間味村フェリー 御殿山 P.148
渡嘉敷村フェリー
豊見城・名嘉地 南風原町 南風原北
南風原南
豊見城市 斎場御嶽 P.137
豊見城 南城市 久高島
糸満市 507 おきなわワールド 知念岬
八重瀬町
ひめゆりの塔
喜屋武岬 平和祈念公園
平和の塔 P.128 南部全域

先 島 諸 島
久場島
尖閣諸島
魚釣島
多良間島
与那国島 西表島 小浜島 石垣島
八重山列島 竹富島
波照間島

東シナ海

ケラマ諸島
クエフ島

A **B** **C**

5

沖縄 エリアガイド

エリアによって異なる魅力を持つ沖縄。
地域ごとの特徴と絶景地をチェック。

48km 約1時間

大石林山

20km 約35分

古宇利島

40km 約1時間

慶佐次川の
マングローブ

世冨慶IC
数久田IC

宜野座IC

金武IC

95km
約2時間

座毛

海中道路

47km
約1時間25分

斎場御嶽

やんばるの大自然に癒やされる
北部 本部・やんばる ▶P.101

観光のコツ 本島北部の中でも北側の「やんばる」は、亜熱帯の森が広がり自然を満喫できるエリア。西海岸に突き出す本部半島は、沖縄美ら海水族館をはじめ見どころが多い。

絶景ナビ
- ●沖縄美ら海水族館 ▶P.110
- ●備瀬のフクギ並木 ▶P.114
- ●今帰仁城跡 ▶P.118
- ●大石林山 ▶P.120

リゾートホテルやビーチが多数
中部 西海岸リゾート ▶P.51

観光のコツ 西海岸に南国リゾートが立ち並び、ビーチも多数点在。シービュードライブを楽しめる西海岸側の国道58号や東海岸側の海中道路では絶景が待ち受ける。

絶景ナビ
- ●海中道路 ▶P.60
- ●万座毛 ▶P.65
- ●やちむんの里 ▶P.66
- ●ミッションビーチ ▶P.71

キホン1 移動

本島は4つのエリアに分けられます

南国らしい豊かな大自然が魅力の「北部」、リゾートホテルやビーチの多い「中部」、那覇空港や繁華街がある中心地「那覇」、聖地が点在するのどかな「南部」と、エリアごとに異なる魅力がある。

キホン2

車で南から北まで縦断すると約2時間30分！

南北に長い沖縄本島。高速道路の沖縄自動車道を利用して、南端から北端まで車で北上すると約2時間30分。さらに渋滞などで移動時間が意外とかかるので、泊まる場所も考慮して計画を立てよう。

キホン3

トップシーズンは渋滞、駐車場の満車に注意

7〜8月のトップシーズンや春休み、GWなど旅行者の多い時期は道路が渋滞しやすく、国道58号や那覇市の空港周辺は特に混雑する。国際通り周辺の駐車場も埋まりやすいので、時間には余裕を。

キホン5 日帰り離島なら那覇または本部から！

本島の周辺には離島が多数。日帰りできる島なら、那覇の泊港、北部の本部港・渡久地港などからフェリーが出航する。

キホン4 場所によってはゆいレール、バスも便利

那覇市内を走るモノレール「ゆいレール」は運行本数も多く、便利な交通手段。バスの路線も充実。詳しくは→P.168へ。

キホン 6

沖縄そばは必ず食べたい名物グルメです

沖縄そばのほか、かき氷がのった沖縄ぜんざい、アメリカ文化と融合したタコライスなど名物グルメが多数。おすすめの店はP.81〜をチェック！

キホン 7

閉店時間が早いお店もあるので注意

人気の沖縄そば専門店などは、「売り切れ次第閉店」で店じまいが早いことが多い。逆に、国際通り周辺の居酒屋などは深夜まで営業している。

\ ベスト5 /
名物はコレ

1 沖縄そば

2 沖縄ぜんざい

3 タコライス

4 島野菜&島魚

5 南国フルーツ

買う

キホン 8

大量買いなら発送も選択肢の一つ

やちむん（焼き物の器）や琉球ガラスなど重くてかさばるおみやげは、購入店やホテルから宅配便で自宅に送るのも便利。

キホン 9

おみやげ充実の那覇空港も便利！

那覇空港はおみやげフロアが充実し、沖縄県内の人気ショップの支店などもある。最終日は早めに空港に行き、買い物を楽しもう。

\ ベスト5 /
名品はコレ

1 ちんすこう

2 やちむん

3 サーターアンダギー

4 紅イモタルト

5 布雑貨

空港や繁華街がある沖縄の中心
那覇 首里（なは・しゅり） ▶P.25

観光のコツ 国際通りなどのメインストリートがあり、夜遅くまでにぎわう那覇市。琉球王国時代の面影を残す歴史地区・首里では、首里城公園などの歴史スポット巡りができる。

絶景ナビ
- 首里金城町石畳道 ▶P.34
- 首里城公園 ▶P.36
- 識名園 ▶P.40
- 瀬長島ウミカジテラス ▶P.46

沖縄美ら海水族館

本島から絶景ショートトリップ
慶良間諸島（けらましょとう） ▶P.157

観光のコツ 本島から船で35分〜1時間10分でアクセスできる慶良間諸島は、主に渡嘉敷島、座間味島、阿嘉島などが人気。美しい海は「ケラマブルー」と称賛される。

絶景ナビ
- 渡嘉志久ビーチ ▶P.158
- 古座間味ビーチ ▶P.160
- 北浜ビーチ ▶P.162
- 天城展望台 ▶P.163

慶良間諸島

座間味島
阿嘉島
渡嘉敷島

那覇空港

44km 約1時間

19km 約35分

やちむんの里

屋嘉
石川IC

沖縄北IC

32km 約1時間5分

沖縄南IC

北中城IC

62km 約35分〜1時間10分

西原IC

西原JCT

那覇IC

南風原北IC

南風原南IC

豊見城IC

豊見城・名嘉地IC

28km 約45分

絶景地と琉球の聖地を巡る
南部 糸満・平和祈念公園 ▶P.127

観光のコツ 琉球王国時代にゆかりのある聖地が点在し、沖縄らしいローカルな雰囲気も残る南部。観光の合間の休憩は、海沿いの絶景カフェ。海を眺めながら贅沢なひとときを。

絶景ナビ
- ガンガラーの谷 ▶P.134
- 斎場御嶽 ▶P.136
- ニライ橋・カナイ橋 ▶P.138
- 百名ビーチ ▶P.143

大人絶景旅

沖縄 慶良間諸島

世界中から訪れる人を魅了する青い海と白い砂、緑あふれる森、国の重要文化財に指定される歴史的建造物。ここでは多様な生命が育まれ、それぞれが美しく旅を彩る。記憶に焼き付いて離れないほどの絶景を案内しよう。

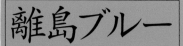

離島ブルー
Island blue

とかしきじま
渡嘉敷島 ［慶良間諸島］
世界有数のダイビングポイントと
しても知られ、青い海が広がる。
▶ P.158

透き通る青い海は
太陽の光できらめき
美しさに見惚れる

遥かに広がるコバルトブ
ルーの海は、太陽の光に照
らされ、キラキラと輝く。
多様な生命を育む海の中へ
入れば、別世界のような碧
が広がり、豊かなサンゴ礁
と色鮮やかな魚たちが迎え
入れる。

この美しく澄みきった海
に出合うために、世界中か
ら訪れる人がいる。多くの
人を癒やす沖縄の海は、そ
こに生きる全ての生き物を
穏やかにさせる力を持つ。

9

美しい海と砂浜、
南国の楽園で
日常を忘れる

沖縄本島から西へ約40km、ケラマブルーとも呼ばれる青い海に浮かぶ慶良間諸島には、100を超えるダイビングスポットが点在している。マリンレジャーが盛んに行われる透き通った海では、運が良ければウミガメに遭遇することも。

^{あかじま}
[慶良間諸島]
阿嘉島
慶良間諸島の中で最も西に位置し、20の島からなる有人島。
▶ P.162

水納島 　　　　　　　　[北部]

みんなじま

MAP P.103A-2 ☎0980-47-5572
(有限会社水納ビーチ)

三日月型の島の形からクロワッサ
ンアイランドと呼ばれる。本部か
ら約15分とアクセス便利で、マリ
ンスポーツや島内散策を楽しめる。

所本部町瀬底 交渡久地港から高速船
で約15分／往復1730円(夏期は有限
会社水納ビーチで予約を推奨)

ハテの浜 　　　　　　[慶良間諸島]

MAP P.4D-3 ☎098-985-8779
(久米島海洋レジャー)

エメラルドグリーンの海に浮かぶ
真っ白な砂浜の無人島。グラス
ボートで向かいながら、サンゴ礁
や熱帯魚を見ることもできる。

所久米島町(ツアー集合場所：久米
島町宇根1724-13泊フィッシャリーナ)
休不定休 交泊フィッシャリーナから
グラスボートで約20〜30分3500円〜

神秘の森
Forest

太古の自然が
生き続ける森

本島北部の山林地帯は「山原」と呼ばれ、1億年前から生き続ける古い森。独自の生態系が築かれ、国指定天然記念物のヤンバルクイナをはじめ、固有種が多く生息している。そこにしかいない生物の命を育む神秘の森だ。

[北部]
備瀬のフクギ並木
フクギ並木がアーチのようにトンネルを作り、木漏れ日が差す。
▶P.114

12

大石林山
だいせきりんざん [北部]
歴史書にもある聖地、植物の息吹
を満喫できる亜熱帯ジャングル。
▶P.120

Cafe ichara
カフェ イチャラ [北部]
ピザやスイーツを味わうことがで
きる、やんばるの森に佇むカフェ。
▶P.116

ガンガラーの谷
たに [北部]
歴史について学ぶツアーもあり、
自然の偉大さを感じられる森。
▶P.134

首里そば ［那覇］

MAP P.26F-3 ☎098-884-0556

那覇市の歴史地区、首里で20年
以上地元客に愛される沖縄そばの
有名店。そばメニューは1種のみ
で、首里そば（中）500円。

所那覇市首里赤田町1-7 コンサート
ギャラリーしろま1F 圏11：30〜14：
00（売り切れ次第閉店）休木・日曜
交ゆいレール首里駅から徒歩約5分
Pあり

美らグルメ

Cuisine

歴史とともに、
大地が育てた
琉球の食文化

さかのぼること琉球の時
代、他国との交流を盛んに
行い、さまざまな文化をチ
ャンプルーしながら伝承さ
れた琉球料理。食文化の歴
史をたどりながら、豊かな
自然と太陽の光で栄養を蓄
えた食材を味わう、ここで
しか手に入らない食体験。

琉冰 おんなの駅店 ［中部］

県産や恩納産の食材をふんだんに
使った冷やしものが魅力的。

▶P.99

14

やちむん喫茶シーサー園　[北部]
MAP P.103C-2 ☎098-047-2160
約1万坪の広大な敷地を持つ庭園
カフェ。自家焙煎の豆と湧き水で
淹れたコーヒーを楽しめる。
所本部伊豆味1439 時11:00〜
17:30 休月曜 交許田ICから約18km
P あり

Hawaiian Pancakes [中部]
House Paannilani
ハワイにいるかのような空間でふ
わふわのパンケーキを楽しめる。
▶ P.89

なかむら家　[那覇]
おいしい泡盛と新鮮な魚料理を味
わえる地元客にも人気の店。
▶ P.92

南国の手仕事
Handicrafts

1 やちむんの里 （さと）　［北部］
▶ P.66

ここにしかない
作り手の情熱が
届ける伝統

時代に翻弄されながらも
琉球の文化と伝統を受け継
ぐ、多様性に富んだ工芸品
や芸能文化の数々は多くの
人に愛されている。職人の
情熱は技として細部にまで
反映され、人々の心をつか
む。沖縄で一期一会の美し
さを見つける旅へ。

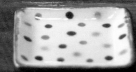

2 一翠窯 （いっすいがま）　［中部］
▶ P.150

紅型研究所 染千花 ［中部］
〈びんがたけんきゅうじょ そめせんか〉

MAP P.53A-3 ☎080-6487-8797

沖縄の鮮やかな海や空、植物を表
現した新しい形の紅型をテーマに
した工房。工程は全て職人の手に
よるもので、全作品が一点もの。
所宜野湾市嘉数3-16-7 時休要問い
合わせ 交西原ICから約2km Pあり

1 2読谷にあるやちむんの里と人気な窯元 3 4つの窯
元が集まる売店。品数豊富な個性あふれるやちむんが並
ぶ 4吹きガラスの体験ができ、琉球ガラス職人の作品を
購入することも可能 5 130年以上の歴史を持つ首里の
蔵元。泡盛蔵見学で試飲も楽しめる

3 **読谷山焼 北窯売店** ［北部］
〈よみたんざんやき きたがまばいてん〉
▶P.69,125

5 **瑞泉酒造** ［那覇］
〈ずいせんしゅぞう〉
▶P.45

4 **琉球ガラス匠工房 石川本店** ［中部］
〈りゅうきゅう たくみこうぼう いしかわほんてん〉
▶P.70

守禮之邦

琉球

History

今もここにある
琉球の歴史に
心を震わせる

かつて繁栄した琉球王国は、独自の文化を色濃く残しながら現在に至る。激動の歴史は歴史的建造物として残り、街を歩けば史跡をたどることができる。多くの人を魅了し、島人が絶やすことなく受け継いできた伝統文化にも触れたい。

3 りゅうきゅうむら
琉球村 ［中部］
▶P.64

4 しゅり きんじょうまちいしだたみみち ［那覇］
首里金城町石畳道 ▶P.34

1 しゅりじょうこうえん ［那覇］
首里城公園 ▶P.36

1首里城公園の入り口にある守礼門。琉球
民族の衣装を着て写真撮影も可能 **2**城
壁が美しく、世界遺産にも登録されている
3琉球王国時代の村落を再現しており、
琉球芸能のエイサーも必見 **4**琉球石灰岩
を300mにわたり組み合わせた石畳道

大人の旅プランは、何がしたいか？で選びたい！

テーマ別モデルプラン

ぐるっと周遊

2泊3日　　　那覇・中部・北部・南部

那覇から西海岸を北上ドライブ
ハイライトを巡る王道プラン

南から北まで沖縄本島の主要な見どころを網羅するおすすめのコース！

首里城公園

首里金城町石畳道

1日目 朝から夜まで
那覇シティを満喫

プランの詳細は ▶P.32

9:30		那覇空港	
車30分		車なら約30分。モノレールなら約30分＋徒歩約15分	
10:00		首里城公園（しゅりじょうこうえん）	▶P.36
車5分			
12:00		ランチ	首里そば ▶P.14 / うちなー料理 / 首里いろは庭 ▶P.85
13:30		首里金城町石畳道（しゅりきんじょうちょうのいしだたみみち）	▶P.34
車10分			
15:00		識名園（しきなえん）	▶P.40
車20分			
16:00		壺屋（つぼや）やちむん通り	▶P.44
徒歩2分			
17:00		うちなー茶屋 ぶくぶく	▶P.47
徒歩10分			
18:00		国際通り	▶P.42
徒歩すぐ			
19:00		ディナー なかむら家	▶P.92
ゆいレール＋徒歩20分			
21:00		栄町市場（さかえまちいちば）で2軒目	▶P.43
Stay		那覇市内のホテル	

ランチは「首里そば」で沖縄そば

国際通り周辺

「壺屋やちむん通り」でショッピング

壺屋やちむん通り

ディナーは「なかむら家」で鮮魚と泡盛！

2 日目 西海岸を北上する シービュードライブ

9:00	那覇市内	
車1時間		
10:00	やちむんの里	▶P.66
車10分		
12:00	ランチ GOZZA	▶P.86
車25分		
13:00	ミッションビーチ	▶P.71
車50分		
14:30	沖縄美ら海水族館	▶P.110
車15分		
16:00	今帰仁城跡	▶P.118
車30分		
17:30	古宇利島	▶P.117
車30〜40分		
19:00	ディナー	
	紀乃川食堂	▶P.94
	ホテル内のレストラン	▶P.74〜79
Stay	西海岸のリゾートホテル	

沖縄美ら海水族館

今帰仁城跡

ミッションビーチ

高台にあるおしゃれな
カフェ「GOZZA」でラ
ンチタイム

3 日目 南下しながら空港へ 南部をぐるっと一周

9:00	名護市内	
車30分		
9:30	万座毛	▶P.65
車1時間		
11:00	ニライ橋・カナイ橋	▶P.138
車10分		
13:30	海カフェ	
	食堂かりか	▶P.86
	浜辺の茶屋	▶P.86
車10分		
14:30	平和祈念公園	▶P.138
車30分		
16:00	瀬長島ウミカジテラス	▶P.46
車15分		
17:30	那覇空港	

万座毛

食堂かりか

平和祈念公園

オンザビーチのカフェ
「食堂かりか」へ

テーマ別モデルプラン

歴史・聖地めぐり

1日

琉球王朝時代の足跡をたどる
那覇・南部・中部1日ドライブ

那覇からスタートし、聖地の多い南部を巡ったあと海中道路を目指し北上。

識名園

斎場御嶽

「沖縄そばと茶処 屋宜家」でランチ

中城城跡

海中道路

ニライ橋・カナイ橋

北中城のカフェ
「クルミ舎」へ

1日プラン		
8:30 車20分	那覇市内	
9:00 車30分	識名園（しきなえん）	▶P.40
11:00 車30分	ランチ	沖縄そばと茶処 屋宜家 ▶P.144
12:00 車10分	ニライ橋・カナイ橋	▶P.138
12:30 車45分	斎場御嶽（せーふぁうたき）	▶P.136
14:00 車10分	中城城跡（なかぐすくじょうあと）	▶P.72
15:00 車20分	カフェ	クルミ舎 ▶P.87
16:00 車10分	勝連城跡（かつれんじょうあと）	▶P.73
17:00 車1時間	海中道路（かいちゅうどうろ）	▶P.60
19:00	ディナー	琉球料理 ぬちがふぅ ▶P.45

テーマ別モデルプラン

自然スポット

1日

やんばるの自然を感じる
北部満喫ドライブプラン

名護市内から、「やんばる」と呼ばれる自然豊かな沖縄本島北部をドライブ。

1日プラン

8:00	名護市内（なご）	
車50分		
9:00	マングローブカヤック	▶P.119
車30分		
11:00	ランチ 笑味の店（えみ）	▶P.95
車20分		
12:30	比地大滝（ひじおおたき）	▶P.121
車15分		
14:00	道の駅 ゆいゆい国頭（くにがみ）	▶P.154、付録MAP③
車30分		
15:00	大石林山（だいせきりんざん）	▶P.120
車5分		
16:00	茅打バンタ（かやうち）	▶P.120
車10分		
17:00	辺戸岬（へどみさき）	▶P.122
車1時間30分		
19:00	ディナー 紀乃川食堂	▶P.94
車40分		
21:00	星空ツアー	▶P.121

慶佐次川のマングローブ

比地大滝

茅打バンタ

「笑味の店」で島野菜ランチを満喫！

古宇利島星空ツアー

「道の駅 ゆいゆい国頭」でおみやげ探し

大石林山

魚料理がおいしい「紀乃川食堂」

沖縄瓦版

OKINAWA NEWS

大人絶景旅

那覇 第一牧志公設市場がリニューアルオープン!!

▶P.43,50

昭和25年に闇市として開設され、50年を機に設備の老朽化のため改装工事を行っていた第一牧志公設市場が2023年3月19日リニューアルオープン！1階には精肉や鮮魚といった沖縄料理に欠かせない食材が販売され、2階には沖縄グルメを楽しめる飲食店や食堂が集う。観光客はもちろん、地元の人々からも愛される沖縄の台所が新たな文化の発信地となることに期待が寄せられる。

❶改装後の市場が多くの人でにぎわう ❷新鮮な食材を選べる ❸店員が元気にお出迎え

首里 首里城正殿 2026年再建に向けて着工!

▶P.36

❶再建予定の首里城正殿 ❷復元工事中の正殿周辺

2019年に火災で焼失した首里城正殿が、再建に向けて2022年秋に工事が開始となった。現在はほとんどのエリアが見学可能となっているが、復元工事中の正殿周辺エリアは職人たちの伝統技を窓越しに見ることができるようになっている。

ニュービーチ 金武に県内最大級のロングビーチが登場!

2022年9月23日にオープン。ビーチは県内最大級の長さ800mを誇る。BBQやアクティビティを楽しむことができ、「I♡KIN」のオブジェは写真映えすること間違いなし。

KINサンライズビーチ （キン）
MAP P.54D-3
☎098-968-3373（金武町観光協会）
所金武町金武10819-4 時9:00～20:30 休期間中無休（遊泳期間は4月～10月末）料無料 交金武ICから約7km Pあり

糸満 糸満に注目のリゾホがオープン

2022年7月にオープンしたラグジュアリービーチリゾート。全443の客室から碧く輝く海と夕日が沈みゆく美景を望むことができ、極上のリゾート空間で優雅な時間を過ごせる。

琉球ホテル&リゾート 名城ビーチ （りゅうきゅう）（なしろ）
MAP P.129A-3 ☎098-997-5550
所糸満市名城963 料1泊1名1万5000円～ 交那覇空港から約13km、豊見城・名嘉西ICから約10km Pあり

5つのグスクを巡る 御城印集めが話題

文化遺産に登録されている5つの城跡のコラボ御城印を並べると琉球王朝の歴史が伝わる絵巻になる。各城跡にて1枚500円で販売中!

AREA
GUIDE

那覇
な   は

首里
しゅ り

| 周辺スポットへの
アクセス

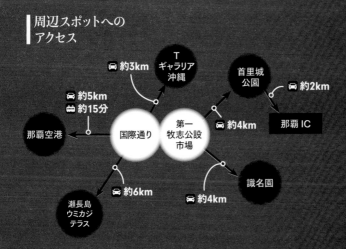

T ギャラリア沖縄 🚗約3km

首里城公園

🚗約2km

那覇 IC

🚗約5km
🚙約15分

国際通り

第一牧志公設市場

🚗約4km

那覇空港

瀬長島ウミカジテラス

🚗約6km

識名園

🚗約4km

D

崇元寺公園
崇元寺　崇元寺石門
沖縄サンプラザホテル

E

F

崇元寺
仲良橋
崇元寺橋
29
コザ
251
安里会館

安里1丁目
大道中央病院田

安里

安里（3）

那覇市
牧志（2）

マックスバリュ

安里（1）

安里
安里

安里三差路

安里一区

安里（3）

COMMUNITY & SPA
那覇セントラルホテル

ホテルロイヤルオリオン
牧志公園前

安里

国際通り

ホテル オーシャン
那覇国際通り
安里十字路

330

RENEMIA
Ti-da Beach Parlour

牧志公園
蔡温橋

蔡温橋

ホテル
サン・クイーン

ヒューイットリゾート那覇

琉球
コスメハウス

栄町
ボトルネック

ブルーシール

南西観光ホテル

牧志駅

琉球
ダイワロイネットホテル
那覇国際通り
・さいおんスクエア

首里城跡

久高民藝店

Fontana Gelato

×

牧志駅前

P.85 泡盛と琉球料理 うりずん

安里（2）

べんり屋 玉玲瓏

安里駅

栄町市場 P.43

安里駅前

国際通り
れん街
てんぶす前

小桜 P.93

国際通り屋台村

ホテル
パームロイヤル NAHA 国際通り

那覇市ぶんかテンブス館

奥原硝子製造所 P.46

① 那覇市観光案内所
ショップなは

壺屋小

HOTEL AZAT

栄町りうぼう

山羊料理 美咲

安里駅前

牧志（3）

・あんつく

市場中央通り P.43

松原屋製菓 P.154

花笠食堂 P.91

希望ヶ丘公園

姫百合橋
姫百合橋

姫百合橋

安里川

第一牧志公設市場 P.43

桜坂劇場 P.47
さんご座キッチン
沖縄ざっか・アート・本 ふくら舎

ロードワークス・

ハイアット リージェンシー 那覇 沖縄

tituti OKINAWAN CRAFT P.151
壺屋陶芸センター
那覇市立壺屋焼物博物館

吉野家

じーまーみ
豆腐専門店花商

じーさーかす

soi

cafe プラヌラ

GARB DOMINGO

陶器＆喫茶 南窯
南窯

壺屋（2）

46

三原（1）

guma guwa P.44,150

泡盛之店 琉夏 サンライズ店
P.44

壺屋やちむん通り

P.44 Craft・Giftヤッチとムーン

P.46 育陶園やちむん道場
Kamany

うちなー茶屋 ぶくぶく P.47

琉球料理 ぬちがふぅ P.45

旧新垣家住宅

壺屋

日野通り

壺屋（1）

ひめゆり通り

のうれん
プラザ

つくば開成国際高

霊屋神里原大通り

壺屋

神原小

330

神原

モスバーガー・

寄宮（1）

樋川（2）

222

コザ

識名園

神原中

古波蔵

D

E

F

28

おもろまち

ゆいレール

P.85 泡盛と海産物の店
ばやお

首里城跡

1

2

3

那覇中心部

広域図 ▶P.26

0 50 100m

A

浦添市
前島
ホテルブライオン那覇
ESTINATE HOTEL NAHA
☒家庭料理の店 まんじゅまい P.90
ソルヴィータ ホテル那覇
GRGホテル那覇
松山公園
松山(2)
ホテルタイラ
SHO-CHU BAR
高山 琉球別邸
やきにく華
久茂地(2)
居酒屋野郎 りょう次
松山
那覇商高
アパホテル〈那覇〉 P.90
沖縄海邦
松山(1) ☒お食事処 三笠 松山店
OMO5沖縄那覇 by 星野リゾート
お食事処 みかど
沖縄タイムス前
那覇芸術劇場なはーと
JUMBO STEAK HAN'S 本店
沖縄第一ホテル
スチームダイニング しまぶた屋
カラカラとちぶぐゎ〜 P.93 ☒
久茂地
那覇大綱挽まつり（毎年10月に行われるイベント）
ホテルサンパレス 球陽館
久茂地公民館前
久茂地(3)
P.92 なかむら家 ☒
焼肉もとぶ牧場 那覇店
琉銀 本店前
琉球
美栄橋 公民館
御成橋
P.42 Zooton's ☒
甲辰橋
沖縄
うみちゅらら
P.42,155 わしたショップ 国際通り店
沖縄銀本店前
KUKURU 島結店
パレット くもじ前
ホテルアベスト那覇国際通り
みずほ
パレットくもじ
市民劇場 〒
KFC
県庁北口
アルモントホテル 那覇県庁前
県庁北口
県庁前
A&W 国際通り松尾店
那覇市役所前
議会棟
沖縄県庁 〒
那覇市役所
泉崎(1)
開南小
県警本部
ホテルルートイン 那覇旭橋駅東
上泉
ハーバービュー通り
県庁前通り
県庁南口
泉崎(2)
ベーチン屋
330

B

前島(2)
リッチモンドホテル 那覇久茂地
潮渡川
前島橋
前島(1)
しゃぶしゃぶ我那覇豚肉店 前島本店
美栄橋
美栄橋駅
東横イン 那覇国際通り美栄橋駅
美栄橋駅前
牧志(1)
つきのわ食堂 朝ごはん屋 てんこもり
たそがれ珈琲
緑ヶ丘公園
一銖通り
民謡ステージ 歌姫
T&M COFFEE
島唄
P.156 おきなわ屋本店
松志
ホテル コレクティブ
なかや食堂 P.42 ブルーシール国際通り店
松尾
国際通り
Okinawan Resort Ti-da Beach
ゆうなんぎい
La Cucina SOAP BOUTIQUE
ホテルグレイスリー那覇
那覇グランドホテル
浮島ガーデン（休業中）
御菓子御殿 国際通り松尾店 P.154
謝花きっぱん店 P.154
八汐荘
ホテル ロコア ナハ
P.151 miyagiya
松尾(1)
よね屋
松尾(1)
松尾公園
県庁前通り
県庁南口
楚辺(1)
城岳公園

C

那覇小
前島(1)
• Vita Smoothies
THE pedi loung
実身美・牧志店
丸玉製菓 直売所
JR九州ホテル ブラッサム那覇
• tuitree
流求茶館
Bar 3+3
ホテルシーサー・イン那覇
国際通り P.42
ドン・キホー
ホテルJAL CITY 那覇
39
C&C BREAKFAST OKINAWA P.88
THE COFFEE STAND
MIMURI
Kahu-s
222
P.151 miyagiya
松尾(2
松尾公園
那覇高
• petite rue
那覇高前
那覇高校
あめいろ食堂
樋川(1)
221

徒歩約3分

1
2
3

那覇 首里
（なは しゅり）

ザ・沖縄な伝統や
文化を味わうさ〜

朝から深夜までにぎわう

那覇中心部は空港から車で約15分、モノレール「ゆいレール」が空港から浦添までつなぐ一大繁華街。離島への玄関口となる泊港もある。

戦後復興の象徴として「奇跡の1マイル」と言われた国際通りを中心に、地元食材が並ぶ第一牧志公設市場やアーケード街、「すじぐわー」と呼ばれる裏道、小路の散策が楽しい。朝から深夜まで沖縄グルメの全てが味わえるが、少し離れた栄町市場などで地元のスタイルを楽しむのもおすすめ。

どんな観光がおすすめ？
【こんな楽しみ方もあります】

牧志公設市場で持ち上げ
名物「持ち上げ」システムでは、場内で購入した鮮魚をその場でさばいてもらい、2階の食堂で料理していただくことができる。
▶P.43

首里でヒストリカル散歩
首里城公園や金城町の石畳道など、琉球時代の史跡が残る首里を、気の向くままに散策するのも楽しい。

▶P.34

焼き物ストリートに行く
窯元直営店やおしゃれなセレクトショップが密集する壺屋やちむん通り。石畳の道の風情ある景観も楽しい。
▶P.44

民謡酒場で盛り上がる！
国際通りには、地元料理とともに沖縄民謡のステージを見られる居酒屋が多数。通り沿いに看板が出ているので、上演時間を事前に確認して楽しもう。

車をどうするか？
【交通案内】

ゆいレール
空港と首里を結ぶゆいレールは、渋滞しやすい那覇市街でも定時運行が強み。フリー乗車券でお得に巡ろう。

レンタカー
時間を気にせず旅のプランを自由に組める沖縄のレンタカーは、価格も割安。早めのネット予約がおすすめ。

バス
那覇空港をはじめ国際通りや首里城周辺など市内を網羅する公共交通機関のメイン。160円〜の低料金も魅力。

見どころ多数！ どう回れば？
【上手に巡るヒント！】

1 中心部はゆいレールを駆使するのがコツ！
渋滞の激しい那覇市内もモノレールならスイスイ楽ちん。ゆいレールのフリー乗車券（1日800円）を利用すれば、毎回乗車券を買う手間が省けるうえにお得。

2 首里城公園を巡るなら朝イチとお昼どきが狙い目
首里城正殿周辺の復元工事が進められている首里城公園。今の首里城の姿を見ようと観光客も増え、週末は混雑する時も。ゆっくり回るなら開園直後の8時頃やランチどきが狙い目だ。

ピークを避けてゆったり巡ろう！

3 夜遅くまで営業するお店は国際通り周辺に多い
22時頃まで営業しているみやげ店や、深夜や朝まで営業する飲食店も多数ある国際通り。昼の観光で疲れたら、しばらくホテルで休み、パワーチャージしてから夜の街に繰り出そう。

国際通りの夜はと〜っても長い

さらに　裏ワザ

☑ 手荷物は観光案内所に預けられる
那覇市観光案内所にコインロッカーがあるほか、大きな荷物は、1日1個500円で預けられる。

☑ 日曜日の国際通りは歩行者天国
日曜の12時〜18時は、県庁北口交差点から蔡温橋までの約1.3kmが歩行者天国になるので注意。

歴史地区をお散歩するなら

2 首里
（しゅり）

琉球王国時代に、王の住居や執政の場として使われた首里城。周辺の城下町には、石畳の美しい古道が続く。琉球王国の歴史を肌に感じながら、赤煉瓦屋根の風景の中をのんびり散策しよう。

BEST 絶景

絶景ナビ
- 首里金城町石畳道 ▶ P.34
- 首里城公園 ▶ P.36
- 識名園 ▶ P.40
- 龍潭 ▶ P.39

沖縄一の繁華街で朝から夜まで！

1 国際通り周辺
（こくさい）

多くの飲食店やみやげ店が集まるメインストリート。人通りの多い歩道は端から端まで30分以上かかる。裏通りにはセンスあるカフェや雑貨店なども多いため、徒歩でくまなく巡りたい。

絶景ナビ
- 国際通り ▶ P.42
- 第一牧志公設市場 ▶ P.43
- 市場中央通り ▶ P.43
- 壺屋やちむん通り ▶ P.44

！ご注意を

空港への道は渋滞しがち
沖縄のレンタカー車両は、3万台以上あり、観光客の車利用が多い。特に空港周辺の渋滞は慢性的な問題だ。

日曜日の国際通りは歩行者天国
毎週日曜12〜18時の間、国際通りの約1.3kmの区間がモール化され、歩行者優先道路に。一般車両は通行できないので注意。

バス専用レーンがある
平日朝夕の通勤時間帯にバスレーン規制が行われる。規制区間はバス、タクシー、二輪車、許可車両のみ走行が許される。

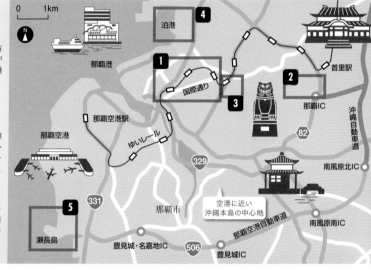

空港に近い
沖縄本島の中心地

話題のスポットを訪ねて

5 瀬長島
（せながじま）

本島から600mほどの橋で渡れる瀬長島。地産メニューを中心としたグルメやスイーツ店、雑貨店など約45店舗が並ぶリゾートスポット「瀬長島ウミカジテラス」が人気。

BEST 絶景

絶景ナビ 瀬長島ウミカジテラス ▶ P.46

離島への旅はここから！

4 泊港
（とまりこう）

慶良間諸島をはじめとする離島へ渡る海の玄関口。那覇空港から近く、国道58号沿いに位置する。船舶の着岸地点が2カ所あり、300mほど離れているため乗船時には注意を。

絶景ナビ
- 波上宮 ▶ P.47
- 波の上ビーチ ▶ P.47

夜は酒場で盛り上がる

3 栄町市場
（さかえまち）

戦後の復興時に誕生し、当時とほぼ変わらぬ姿で残り、昼間は市場、夜は飲屋街と2つの顔を持つ。市場周辺にはさまざまな飲食店があり、若者や観光客でにぎわっている。

絶景ナビ 栄町市場 ▶ P.43

このまま巡れる！歩ける！

世界遺産・首里城から石畳の町・首里散策
& 那覇・国際通り周辺で夜ふけまで！

絶景 首里～壺屋やちむん通り～国際通り～栄町市場

1日コース 🚗車で

世界遺産から伝統工芸に地元グルメまで。
沖縄の魅力を一気に楽しめる那覇エリア
を、賢く巡るコースプランを紹介しよう。

START
那覇空港(なはくうこう)

🚗 車で約30分
ゆいレールの場合
那覇空港駅から首里駅まで
約30分+徒歩15分

公園入り口のインフォメーションセンター「首里杜館」の地下駐車場に車を停めたら、「守礼門」へ。無料ゾーンを見学しながら正殿復元工事が進行中の有料ゾーンへ。

👣 首里杜館地下駐車場から徒歩すぐ

13:30 古都の風情を楽しむお散歩
首里金城町石畳道(しゅりきんじょうちょういしだたみみち) **絶景**

琉球王宮の世界を楽しんだら、かつての城下町を歩こう。石畳道周辺に点在する、王朝時代の史跡をじっくり巡りながら、随所に残された古都の面影を感じたい。

▶P.34

👣 徒歩すぐ

10:00 琉球王朝の世界に足を踏み入れる
首里城公園(しゅりじょうこうえん) **絶景**

瑞泉門や奉神門などの朱色の門や立派な石垣がそびえ立つ園内。首里の町を見渡せる高台、東のアザナも必見。

▶P.36

「系図座・用物座」で味わえるお茶と伝統菓子のセット500円

車で通れない急勾配の小道が続くため、歩きやすい靴で訪れたい。疲れたら、約300mの石畳道の途中にある、沖縄の伝統家屋「金城村屋」でひと息。

▶P.35

🚗 車で約10分

🚗 車で約5分

12:00 連日大盛況の名店で地元グルメを
首里(しゅり)そば

開業より20年以上、毎日売り切れ必至の名店。素材の旨みを最大限に引き出した、極上のダシを味わおう。

▶P.14

そばメニューは1種類のみ！

15:00 文化と景色を楽しむ庭園散策へ
識名園(しきなえん) **絶景**

琉球王家最大規模を誇る、4万1997㎡の広大な庭園が広がる。順路は分かりやすく、8カ所ほどの主要ポイントは、30分～1時間ほどで回ることができる。

▶P.40

🚗 車で約20分

🚗 車で約5分

那覇の観光は、混雑を避けるため早めの時間に首里城公園からスタート。中国と日本の建築様式が混在する建造物は必見なのでぜひ見学を。周辺は石畳が美しい城下町となっており、散策を楽しみながらランチなどがおすすめ。車をピックアップしたら、世界遺産でもある美しい廻遊式庭園の識名園まで足をのばしたい。

午後は市内中心部へ戻り、「まちぐゎ～」と呼ばれる裏道探索。夕方はいよいよ沖縄一の繁華街、国際通りへ繰り出そう。沖縄独特のみやげものを探したあとはディープな夜の沖縄酒場へ。島魚に舌鼓を打ったら、地元御用達の栄町市場でうちなんちゅ（地元民）になった気分で陽気な夜を過ごそう。

18:00 メイン通りで買い物＆グルメ
国際通り
絶景ナビ

みやげ店や飲食店がひしめき合う国際通り。王道の沖縄みやげだけでなく、限定みやげや地元グルメのチェーン店、雑貨店など見ているだけでワクワクする。

▶P.42

👣 徒歩すぐ

19:00 うちなんちゅの定番酒場へ
なかむら家
絶景ナビ

料理長が市場で厳選した、新鮮魚介料理が評判。家庭的な沖縄料理から、居酒屋の定番メニューまで楽しめる。

▶P.92

泡盛を片手に、新鮮な地魚を堪能！

👣 ゆいレールと徒歩で約20分

21:00 ディープな地元飲みを体験
栄町市場
絶景ナビ

地元で愛され続けるディープでノスタルジックな飲み屋街。国際通りや市内のホテルからのアクセスもいいため、夜ふけまでたっぷりと楽しみたい。

▶P.43

GOAL

16:00 焼き物ストリートをそぞろ歩き
壺屋やちむん通り
絶景ナビ

伝統の焼き物、やちむんの店が集まる通りに、赤瓦の伝統家屋や石垣が並ぶ。沖縄情緒あふれる路地を散策。

▶P.44

個性的な器を手に入れよう

👣 徒歩約2分

17:00 琉球伝統「ぶくぶく茶」で一服
うちなー茶屋 ぶくぶく
絶景ナビ

お祝いの席で飲まれたぶくぶく茶。茶筅で点てた泡を茶の上にのせる。併設のギャラリーではやちむんも販売。

▶P.47

伝統の一杯を！

ぶくぶく茶は伝統菓子がセットに！

🚗 車で約10分

やちむん通りから、県庁前駅側の国際通り西側入り口までは歩いてすぐ。西側エリアは食べ歩けるおやつの宝庫。通りを散策しながら、小腹を空かして向かいたい。

👣 徒歩すぐ

首里城周辺には
王朝時代の
面影が点在

絶景

首里

1 首里金城町石畳道

しゅりきんじょうちょういしだたみみち

MAP P.26E-3 ☎098-917-3501
（那覇市市民文化部文化財課）

琉球王国時代に首里城と那覇港をつなぐた
めに造られた琉球石灰岩の石畳。沖縄戦で
ほとんど損壊したが、約300mのみ残った。
「日本の道百選」に選出。

所那覇市首里金城町 交ゆいレール首里駅から
徒歩約20分 Ｐなし

首里城下町の石畳を踏み歩き
古都の風情にゆるりと浸る

▌石畳の途中にある
▌和みスポット

首里城から続く石畳道の両脇には風情ある石垣や古民家が残されている。随所に感じる古都の面影に触れ、のんびり歩こう。

首里金城村屋（しゅりかなぐしくむらやー）
無料休憩所の古民家。普段は公民館として使用されている

金城大樋川（かなぐすくうふひーじゃー）
琉球王国時代に人々の生活を支えた共同井戸。今も水が湧き出ている

2 絶景ナビ

首里城公園

MAP P.26E-3 ☎098-886-2020

2000年に世界文化遺産へ登録された、沖縄のシンボル的存在。15世紀の琉球統一後、琉球国王の居城として、約450年にわたり王府の中枢機関だった。

所那覇市首里金城町1-2 時4～6・10・11月は8：30～19：00、7～9月は～20：00、12～3月は～18：00 休7月第1水曜とその翌日 料400円 交ゆいレール首里駅から徒歩約15分 Ｐあり(有料)

1 守礼門入り口にある、琉球独特の華麗な守礼門。観光客に人気の撮影スポット **2** 守礼門前では、紅型模様をあしらった色鮮やかな琉球民族衣装を着て記念撮影ができる **3** 国王が外出する際に安全を祈願した礼拝所ぐある、園比屋武御嶽石門。世界遺産の一つ **4** 敷地内にある広福門から望む、城内と那覇市街

琉球王国の歴史舞台を体感する公園の有料ゾーンへ

復興を目指す
首里城公園を巡る

琉球王国の栄華を体感する時間旅行へ

2019年の火災後、修復のため閉場となっていた有料区域は現在、復興が進み、ほとんどが公開されている。復元工事中の正殿遺構は琉球王国当時の首里城建築の基盤となる遺構と石積みがわずかに残されており、首里城の歴史を感じさせてくれる場所だ。

有料区域後方にある首里城の"奥"の世界、御内原も見学が可能。

国王の即位の礼が行われていた世誇殿も見逃せない。歴史ある琉球王国の残り香を感じながら歩こう。

❶ 守礼門

城門の多い首里城の中でも代表的な門。2000年の記念紙幣「2千円札」の絵柄にもなっている

❷ 瑞泉門

首里城郭内に入るための第二の門。「瑞泉」とは「立派な、めでたい泉」を意味する

❸ 奉神門

首里城郭内に入るための最後の門。3つ入り口があり、中央はかつて身分の高い人だけが通れた

❹ 復元工事エリア

首里城正殿の基壇(土台)石積みで、首里城の変遷を知る重要な遺構。世界文化遺産にも登録

❺ 世誇殿

国王の即位礼が行われた場所。普段は未婚の王女の居室として使用されていた

❻ 東のアザナ

城郭の東端に築かれた物見台で標高約140mに位置する。城郭内や首里一帯を一望でき、天候によっては久高島も見える

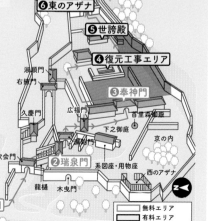

❻東のアザナ
❺世誇殿
❹復元工事エリア
湖順門
右掖門
❸奉神門
久慶門
広福門
首里森御嶽
下之御庭
京の内
歓会門
漏刻門
系図座・用物座
西のアザナ
❷瑞泉門
龍樋
木曳門
❶守礼門

無料エリア
有料エリア
立入規制エリア

第二門の先は
サンゴ砂が
敷かれている

玉陵内にある
こちらにも注目

1501年に当時の首里城正殿をモチーフ
に造られたと言われる陵墓。敷地内には
歴史を感じる見どころが点在。

シーサー
各墓室の屋根には3体
のシーサーが鎮座。珍
しい直立姿が見られる

東の御番所
あがり　ぬうばんじゅ
法事の際に、近親の親
族や僧侶の控室として使
用した赤瓦屋根の建物

絶景
3 玉陵
たまうどぅん
MAP P.26E-3 ☎098-885-2861

首里

第二尚氏王統の巨大な
陵墓。当時の板葺き屋
根の首里城を表した石
造の建造物が残る。

所那覇市首里金城町
1-3 時9:00〜17:30
休無休 料300円 交ゆ
いレール首里駅から
徒歩約15分 Pなし

38

info 夜の首里城城郭を望む名スポット!
日没後にはライトアップされた首里城城郭及び外観施設を望むことができる。池に映り込む揺らめく姿は優美で幻想的。

4 絶景ナビ 龍潭 首里

MAP P.26E-3 ☎098-886-2020

1427年に造られた人工池で、冊封使を歓待する舟遊びが行われた名勝地。池のほとりが遊歩道になっており、散策して楽しむことができる。所那覇市首里真和志町 時見学自由 交ゆいレール首里駅から徒歩約15分 Pあり（有料）

6 絶景ナビ 首里金城の大アカギ 首里

MAP P.26E-3 ☎098-917-3501
（那覇市市民文化部文化財課）

戦災をまぬかれた推定樹齢200年以上のアカギの大木。内金城嶽の敷地に自生し、国の天然記念物に指定されている。所那覇市首里金城町 交ゆいレール首里駅から徒歩約20分 Pなし

5 絶景ナビ 潭亭 首里

MAP P.26E-1 ☎098-884-6193

首里と慶良間諸島を見渡す高台にある八重山料理店。琉球料理を八重山流にアレンジした、「彩飯」がメインの八重山会席5500円〜（昼）は目にも鮮やか。所那覇市首里赤平町2-40-1 時11:30〜15:00、18:00〜23:00 休月曜 交ゆいレール首里駅から徒歩約10分 Pあり

▶P.84

7 絶景ナビ

識名園（しきなえん）

MAP P.26E-2 ☎098-855-5936

外交使節歓待の場として造られた琉球王家最大の別邸。日本風の「廻遊式庭園」で、中国風の六角堂、琉球石灰岩のアーチ橋など各国の特徴も見られる。

所那覇市真地421-7
時9:00〜17:30（10〜3月は〜17:00）
休水曜（祝日の場合翌日休）料400円 交ゆいレール首里駅から車で約10分 Pあり

日中琉の文化と四季の植物を楽しむ世界に誇る庭園

美しい静寂の空間で景色の変化を楽しむ散策へ

1 池の中の小島に建てられている中国風東屋「六角堂」 **2** ソテツやデイゴ、バナナなど、南国ならではの多種多様な植物が楽しめる **3** 水面に映ると円形に見える中国風スタイルのアーチ橋 **4** 屋門（やーじょう）と呼ばれる赤瓦葺きの屋根付き門を模している。現在の入場門は、かつて通用口として使用されていた場所

3

2

▌日・中・琉の文化が融合

和風庭園の様式ながら、中国風の建築文化が入り交じる識名園。さらに、琉球の建築法を随所に取り入れた独特の設計が特徴的だ。

六角堂
屋根の形や黒瓦に中国の影響を残す、池に浮かぶように立つ東屋

御殿（うどぅん）
総面積約160坪の母屋。赤瓦屋根の平屋は、琉球の建築法によるもの

大石橋
切った石を整然と組み上げた中国式のアーチ橋。琉球石灰岩を使用

4

遥かな時の移ろいに思いを馳せる城下町歩き

首里の石畳を散策し
琉球の歴史に触れる

城下町へ、栄華の面影を訪ねて

今も首里の町を歩けば、雅な雰囲気を随所に感じることができる。

まずは、首里城より北の「円覚寺跡」へと足を運ぶ。寺前方の一円鑑池」と呼ばれる人工池の小さな浮島には、赤瓦の「弁財天堂」が佇む。すぐそばに広がる「龍潭」の外周には石畳の道が敷かれており、四季折々の植物や水遊びをする鳥に出合うことができるだろう。

石彫り獅子に守られた「玉陵」の脇から坂道を下った所にあるのが、琉球石灰岩が敷き詰められた「金城町石畳道」だ。道の途中にある水辺や、緑の聖地でパワーチャージし、ひと休みするのもいい。

王国時代の遺構や石畳道を歩き、栄華の歴史に思いを巡らせよう。

---

⑤ 首里金城町石畳道 ▶P.34
琉球王国時代に整備された約500年前の石畳。城から那覇港へ続く道だった。

⑥ 首里金城の大アカギ ▶P.39
推定樹齢200年の神々しい巨木。聖域の森と言われる内金城嶽内にそびえる。

⑦ 首里金城村屋 ▶P.35

⑧ 金城大樋川 ▶P.35

---

❶ 円覚寺跡

王家の菩提寺として栄え、琉球一の規模を誇った寺院。1494年に創建された。

MAP P.26E-3
☎098-886-2020
所那覇市首里当蔵町 時見学自由 交ゆいレール首里駅から徒歩約15分 Pあり（有料）

❷ 弁財天堂

円覚寺前の円鑑池にかかる天女橋先の赤瓦の堂。水の女神・弁財天を祀る。

MAP P.26E-3
☎098-886-2020
所那覇市首里当蔵町 時見学自由 交ゆいレール首里駅から徒歩約15分 Pあり（有料）

❸ 龍潭 ▶P.39

1427年に造られた首里城の外苑にある人工池。豊かな緑に囲まれた憩いの空間。

❹ 玉陵 ▶P.38

第二尚氏王統の巨大な陵墓。当時の板葺き屋根の宮殿を表した石造の建造物が残る。

〈ゆいレール儀保駅 | 龍潭通り | 龍潭❸ | 〈那覇 | 首里高 | 首里城前 | 沖縄県立芸術大学 | ゆいレール首里駅 | 0m 100m | 29 | START 守礼門 | 弁財天堂❷ | ❶円覚寺跡 | 右手には赤瓦の首里城公園管理センター | ❹玉陵 | 49 | なだらかな下り坂が続く | 石畳入口 | よく見る石畳道はココ！ | 首里金城町石畳道❺ | 首里金城村屋❼ | 金城大樋川❽ | 首里城公園 | ❻首里金城の大アカギ | 赤マルソウ通り | 那覇IC→ | GOAL | うちなー料理 首里いろは庭〉

info 坂も多い城下町 計画的に巡ろう
まずは首里城の久慶門北の円覚寺跡へ。龍潭に向け北上したあと、玉陵や石畳道へ向けて南下するコースがおすすめ。

8 絶景ナビ

国際通り

MAP **P.29C-2** 付録MAP①

全長約1.6kmある沖縄のメインストリート。通りにはみやげ物店や飲食店、衣料品店などが軒を連ね、常に観光客や地元客でにぎわっている。

散策して楽しい食べ歩きグルメの宝庫でもある

info 毎週日曜日は「トランジットモール」

日曜の12〜18時は、トランジットモール（歩行者優先道路）となり、さまざまなイベントでにぎわう。

1 沖縄産トロピカルフルーツや島野菜はおみやげに◎。店頭で全国発送のサービスも 2 ディープな酒場も多い国際通りでは、夜も多くの観光客や地元民が集う。

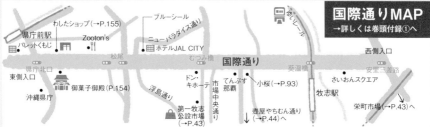

国際通りMAP
→詳しくは巻頭付録①へ

県庁前駅　わしたショップ（→P.155）　ブルーシール
パレットくもじ　Zooton's　ニューパラダイス通り
ホテルJAL CITY
松尾　むつみ橋　国際通り　西側入口
県庁北口　ゆいレール　葵温橋　安里三差路
東側入口　ドン・キホーテ　てんぷす那覇　小桜（→P.93）　さいおんスクエア
沖縄県庁　御菓子御殿（P.154）　市場中央通り　牧志駅　栄町市場（→P.43）へ
浮島通り　第一牧志公設市場（→P.43）　壺屋やちむん通り（→P.44）へ

ランチに絶品ハンバーガー

🍴 **Zooton's**（ズートンズ）

MAP **P.29B-2** ☎098-861-0231

ソース・バンズ・パティが全て手作りのバーガーショップ。人気はアボカドチーズバーガー（980円）。

所 那覇市久茂地3-4-9 時 11:00〜20:00（火・日曜・祝日は〜16:00）休 無休 交 ゆいレール県庁前駅から徒歩約5分 P なし

沖縄みやげが一堂に集まる

🛍 **わしたショップ** 国際通り店

MAP **P.29B-2** ☎098-864-0555

食品や酒、調味料に工芸品まで、県内の厳選された物産が豊富にそろう、沖縄のアンテナショップ。

所 那覇市久茂地3-2-22 JAドリーム館1F 時 9:00〜22:00 休 無休 交 ゆいレール県庁前駅から徒歩約4分 P あり（契約駐車場）

▶P.155

アイスのローカルブランド

☕ **ブルーシール国際通り店**

MAP **P.29C-2** ☎098-867-1450

沖縄の気候に合ったさっぱり風味で愛される定番アイス。暑い日差しの下、滑らかな口溶けを楽しもう。

所 那覇市牧志1-2-32 時 10:00〜22:30（夏期は〜23:00）休 無休 交 ゆいレール美栄橋駅から徒歩約9分 P なし

那覇 [絶景名所ナビ]

info
2023年春
リニューアル完了
施設老朽化のため建て替えをし、2023年3月19日にリニューアルオープン。

9 絶景ナビ

国際通り周辺

第一牧志公設市場

MAP P.29D-2 ☎098-867-6560

見た目も味も個性豊かな、沖縄食材が集まる"那覇の台所"。1階に約70軒の商店が連なり、2階には食堂も。沖縄の食文化を堪能できる。
所那覇市松尾2-7-10 時8:00～21:00（店舗により異なる）休第4日曜 交ゆいレール牧志駅から徒歩約9分 Ｐなし

1

2 約4年の建て替え期間を経て生まれ変わった 2店員と相談しながら自分好み食材を選ぼう

市場中央通り

6 マンゴー

10 絶景ナビ

国際通り周辺

市場中央通り

MAP P.28D-2

沖縄らしい雰囲気を味わえる公設市場へと続く通り。人情味あふれる元気なおばあたちが店頭に立ち、お菓子や果物などを販売する店が建ち並ぶ。

1沖縄産の色鮮やかな南国フルーツがそろう 2守り神のシーサーは、本格的なものからかわいらしいものまでずらり

11 絶景ナビ

栄町市場

栄町市場

MAP P.28F-2

ノスタルジックな雰囲気たっぷりの地元で愛される市場。新旧さまざまな店舗が入り交じる独特の空間で、昼は市場、夜は飲屋街へと変身する。

info
市場とエリア一帯が一大飲み歩きエリア
栄町エリアでは、市場内のディープな酒場から、周辺の老舗居酒屋にビストロまで、幅広く楽しめる。

朱色の門が市場への入り口。戦後復興時の面影が色濃く残る昔ながらの市場だ

12 絶景

国際通り周辺

壺屋やちむん通り

MAP P.28E-3

400mほどの石畳の路地に、沖縄の伝統の焼き物「やちむん」の店が軒を連ねる。赤瓦の伝統家屋や石垣、拝所など、昔ながらの街並みが残る。

立ち寄り必須な人気のやちむん店

窯元直営店やおしゃれなセレクトショップが密集する通りで、お気に入りの品を探して。

Craft・Gift ヤッチとムーン
（クラフト・ギフト）

MAP P.28E-3
☎098-988-9639

自社工房の作品をはじめ、県内各地の陶器・ガラスなどを取り扱う話題のお店。

所 那覇市壺屋1-21-9 時 10:00〜18:30 休無休 交ゆいレール牧志駅から徒歩約9分 Pなし

「ぼくたちクマ」（カップ）4048円

guma guwa
（グマー　グワー）

▶P.150

MAP P.28E-3
☎098-911-5361

壺屋焼の老舗窯元「育陶園」の直営店。菊紋などの伝統柄をアレンジした作品に注目。

所 那覇市壺屋1-16-21 時 10:00〜18:00 休1月1日、2日 交ゆいレール牧志駅から徒歩約9分 Pなし

フリーカップ3190円

13 絶景 首里
瑞泉酒造（ずいせんしゅぞう）
MAP P.26F-3 ☎098-884-1968

130有余年の歴史と伝統をもつ首里の泡盛蔵元。受け継がれた製法で造られる芳醇な泡盛は、国内外で評価され、多くの品評会で受賞している。

所那覇市首里崎山町1-35 時9:00〜17:00 休土・日曜・祝日 料無料 交ゆいレール首里駅から徒歩約10分 Pあり

泡盛蔵を見学する
製造工程の見学後、古酒製造用の熟成蔵の見学や試飲を楽しめる。

↓

歴史や製法の紹介ビデオを観賞

↓

スタッフによる製造方法の解説

↓

工場内設備をガラス越しに見学

info 工場見学
首里の地に受け継がれた伝統の「琉球泡盛」の製造工程が無料で見学できる。
【料金】無料
【所要】約30分
【予約】必要

創業1887年、首里で育まれた伝統ある蔵元

ぬちがふぅ御膳（ミニアイス付き）2580円

14 絶景 国際通り周辺
琉球料理 ぬちがふぅ
MAP P.28E-3 ☎098-861-2952

古民家の雰囲気を楽しみながら、県産の食材にこだわった創作琉球料理を味わうことができる。店内から重要文化財や登り窯を見ることも。

所那覇市壺屋1-28-3 時11:00〜14:00、17:30〜21:00 休月曜夜 交ゆいレール牧志駅から徒歩約9分 Pなし

沖縄手作りジェラートyukuRu ユクル
☎098-996-1577
本場のイタリアンジェラート専門店。県産食材を使ったフレッシュなメニューが魅力。
時11:00〜21:00 休無休

親父のまぐろ ウミカジテラス店
☎098-996-2757
漁師直営のまぐろ丼の店。沖縄近海の新鮮なまぐろの丼やアヒポキライスが味わえる。
時11:00〜21:00 休無休

瀬長島

15 絶景
瀬長島ウミカジテラス
せながしま
MAP P.27A-3 ☎098-851-7446
カフェやレストラン、ショップなど、約45店舗が集まるリゾート施設。美しい東シナ海を見渡す絶景と、リゾート感あふれる真っ白な街並みが魅力。所豊見城市瀬長 時10:00〜21:00(店舗により異なる)休無休 交那覇空港から約6km P あり

国際通り周辺

16 絶景
育陶園やちむん道場
いくとうえん　どうじょう
MAP P.28E-3 ☎098-863-8611
沖縄の土と手作りの釉薬を使用した器やシーサーを制作する窯元。シーサー作りやロクロ引き、絵付けなど、陶芸体験ができる(要予約)。所那覇市壺屋1-22-33 時10:00〜13:00、14:00〜16:00 休1月1、2日 交ゆいレール牧志駅から徒歩約9分 P なし

絶景

国際通り周辺

17
奥原硝子製造所
おくはらがらす
MAP P.28D-2 (那覇市伝統工芸館) ☎098-868-7866
昭和27年創業の琉球ガラスの名工、桃原正男氏の工房。廃硝子を使用した、透明感が美しい本格的な琉球ガラス作りを体験できる。所那覇市牧志3-2-10 てんぶす那覇2F 時9:00〜18:00 休水曜 交ゆいレール牧志駅から徒歩約5分 P あり(有料)

難しいロクロも講師の補助のもと、安心して体験できる。

絶景ナビ

18 波上宮（なみのうえぐう）

泊港周辺

MAP P.27B-2
☎098-868-3697

琉球王府から特別の扱いを受けた「琉球八社」の最高位。朱塗りの社殿が美しく、海を見渡すように波の上ビーチの高台にそびえる。所那覇市若狭1-25-11 時拝観自由 交ゆいレール旭橋駅から徒歩約15分 Pあり

絶景ナビ

国際通り周辺

20 うちなー茶屋 ぶくぶく
MAP P.28E-3 ☎098-943-4811

琉球王朝時代に祝いの席で楽しまれたぶくぶく茶を味わえる茶屋。ぶくぶく茶はお菓子が付いて1000円。所那覇市壺屋1-22-35 時11:00～18:00 休火曜 交ゆいレール牧志駅から徒歩約9分 Pなし

絶景ナビ

泊港周辺

19 波の上ビーチ（なみのうえ）
MAP P.27B-2 ☎098-863-7300

那覇市内で唯一砂浜のあるタウン派ビーチ。空港にも近く、朝食やランチがてらのピクニックにもおすすめ。所那覇市辻3/若狭1 時9:00～18:00（時期により異なる）休期間中無休（遊泳期間は4～10月）交那覇ICから約9km Pあり（有料）

絶景ナビ

国際通り周辺

22 福州園（ふくしゅうえん）
MAP P.27C-2 ☎098-943-6078

1992年に、中国・福州市との友好都市締結10周年を記念して開園された中国式の庭園。所那覇市久米2-29-19 時9:00～21:00 休水曜（祝日の場合翌日休）料200円（～300円）交ゆいレール県庁前駅から徒歩約7分 Pなし

絶景ナビ

国際通り周辺

21 桜坂劇場（さくらざか）
MAP P.28D-2 ☎098-860-9555

ミニシアター系映画の上映を中心に音楽ライブなども開催。雑貨店やカフェも併設された沖縄文化の発信地。所那覇市牧志3-6-10 時9:30～最終上映終了（上映時間により変動あり）休無休 交ゆいレール牧志駅から徒歩約5分 Pなし

名物
名品

ちんすこう

琉球王朝御用達
伝統を守り150有余年

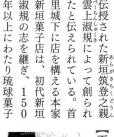

ちんすこう10袋入り
745円
本家新垣菓子店より暖簾分けし、琉球時代の技術を受け継ぐ、伝統のちんすこう

きんそこう
1296円
沖縄のブランド豚「あぐー」のラードを使用した、滑らかな舌触りが特徴

35コーヒーちんすこう
30個入り864円
白化したサンゴで焙煎した、「35ローストコーヒー豆」を使用したちんすこう

🔒 購入は空港や那覇市内で

南部

ちんすこう本舗
新垣菓子店 玉城店

MAP P.128D-2 ☎098-948-3943

所南城市玉城字堀川701-1 時9:00〜17:00
休土・日曜・祝日、不定休（店舗へ要確認）交南風原南ICから約10km
Pあり

▶P.154

沖縄みやげの代表的銘菓であるちんすこう。多数メーカーより販売され、その種類は定番から変わり種までさまざまだが、起源は琉球王国時代に遡る。

琉球の頃、王家や貴族の間で食された琉球菓子の中で、最も親しまれていたのがちんすこうと言われる。今では手軽に手に入るが、当時は高貴な者しか口にできない逸品で、庶民の憧れの存在であった。

ちんすこうは、王府の包丁役を務め、1863年、和と唐の菓子方式を

伝授された新垣筑登之親雲上淑規によって創られたと伝えられている。首里城下に店を構える本家新垣菓子店は、初代新垣淑規の志を継ぎ、150年以上にわたり琉球菓子の伝統を守ってきた老舗である。その材料は、時代とともに上質な物を取り入れているが、配合は当時のままだという。

王朝時代から親しまれた銘菓は、時代により繊細に変化しながら、職人たちの手によって守られ、これからも多くの人に愛され続けることだろう。

【工程】

3
冷却
こんがりと焼けたら、冷却装置を通しながら袋詰めの工程へ

2
型抜き&焼き
型抜き機で型を抜いてオーブンへ。170℃の熱で約30分焼く

1
生地作り
原料をミキサーで混ぜ合わせローラーで手早く伸ばしていく

せんす
1万2000円
貝と海藻をモチーフに、沖縄の月桃紙に染めた京扇子。京都の職人が仕上げを担う

紅型(びんがた)

匠の技が光る
南国の華やかな美

ブックカバー
3960円
文庫本サイズの本を彩るブックカバー。ブーゲンビリアの花をモチーフに染色

しおり
各500円
本を読むのが楽しくなる、鮮やかなしおり。好みの柄を探そう

ブーゲンビリアをモチーフにした18cm×22cmのトートバッグ

ミニトート
8800円

クラッチバッグ
1万4300円
千切雲に鳥が空中飛行する様子がモチーフ。30cm×15cmのクラッチバッグ

中国や東南アジア諸国、日本との貿易が盛んに行われた琉球王国時代。この頃、海外のさまざまな文化が取り入れられ、琉球独特の文化が多数誕生した。華やかな彩色が美しい紅型もその一つで、かつては王族、貴族や宮廷舞踊の衣装としてのみ着用が許されていた。

独自の技法は、15世紀にジャワ更紗やインドの染色技法、中国の型紙の技法や京友禅の影響を受け、18世紀には現在の形が確立されている。王府専属の職人がデザインや

染めを担当し、当時は手厚い保護を受けていたが、廃藩置県や戦争を機に、紅型文化は衰退する。

戦後、焦土と化した首里で紅型の復興が開始された。着物だけでなく、手に入れやすいネクタイやハンカチなども作られるようになり、米軍関係者の間で人気を博した。

そして本土復帰後、沖縄を代表する工芸品として再び脚光を浴びたのだ。

現在その技法は多くの職人に受け継がれ、伝統を守りながらも、日々新たな作品が誕生している。

購入は専門店で
那覇

カタチキ
MAP P.26F-3 ☎098-911-8604

所 那覇市首里崎山町4-1
時 月・金・土曜の10:00〜16:00 休 日曜・祝日（火〜木曜は要問い合わせ）交 ゆいレール首里駅から徒歩約10分 P なし

▶ P.152

【主な工程】

1 型置き
図案から作った型紙を生地にあて柄に合わせて防染糊を置く

2 色挿し・隈取り
鉱物性の顔料を使用して色を挿し、柄をぼかし立体感を出す

3 蒸し・水元
蒸気をあてて顔料を定着させ、生地を水に浸して糊を落とす

食 ×物語

story & history

戦後の沖縄を支えた地元の宝

"うちなんちゅ"の台所 第一牧志公設市場の76年

戦後75年以上愛され続ける、まちぐゎ〜（市場）。復興とともに歩んできた、活気あふれる沖縄の台所の歴史を探ろう。

戦後の闇市から 始まった"まちぐゎ〜"

カラフルな南国の魚など、沖縄独特の珍しい食材が並び、国内外の観光客から人気を集める第一牧志公設市場。約700の小さなお店が軒を連ね、方言で"市場"を意味する"まちぐゎ〜"が形成されている。店舗の多くは、3代目、4代目と、家族経営で代々受け継がれ続けているのも特徴の一つだ。

市場の歴史は、戦後の混乱の中、自然発生した闇市にまで遡る。終戦直後の昭和22（1947）年、街を復興させるため、陶工たちが許可を得て那覇市壺屋に住むようになり、それに合わせて闇市が誕生した。各店舗が不法占拠状態だったことと、衛生面の問題を解決するため、那覇市が1950（昭和25）年に木造4棟の長屋の市場を建てるも、1969（昭和44）年に焼失。1972（昭和47）年に現在の敷地に総面積1419㎡の市場が再建された。

市民の台所として戦後の沖縄を支えた

ガーブ川に板を渡して 造られた「水上店舗」

公設市場から市場通りを挟んだ向かいに、「水上店舗」という名のビルが建つ。闇市の店として、中心街を流れる「ガーブ川」に蓋をし、その上に造られたのが原点の歴史的建物だ。ガーブ川は水深が浅く、台風や大雨のたびに氾濫を繰り返し、店や商品が被害を受けた。1962（昭和37）年に川を掘り下げて地下水路を造り、その上に建物を造り直すなどの改修工事により、現在の形ができていく。公設市場とその一帯のまちぐゎ〜は、衣食住を支えただけでなく、災害や不況に負けず発展し続けた、沖縄復興の象徴的な場所なのだ。

昭和40年建築の水上店舗ビル。現在2階には県内若手作家の作品を扱うアートセンターなどが

2023年、沖縄の台所が リニューアルオープン

県民だけでなく、多くの観光客に親しまれてきた第一牧志公設市場だが、建物や設備の老朽化に伴い再設備が行われ、2023（令和5）年3月19日ついにリニューアルオープン。

昭和47（1972）年に再建された第一牧志公設市場（移転前）

那覇市は2016（平成28）年、第一牧志公設市場の再整備計画を策定。改装工事中はアーケード街にあった本市場機能を那覇市中心商店街のにぎわい広場へ一時移転していた。パワーアップして帰ってきた沖縄の台所が街を活気づけてくれることを期待したい。

市場の76年

戦後復興期	1946年	終戦後、GHQ統治
	1947年	ガーブ川沿いに闇市が誕生
	1950年	那覇市が4棟の長屋市場を建設
	1962年	ガーブ川の改修工事着工
	1969年	4棟の長屋市場不審火で焼失
本土返還	1972年	沖縄返還
	1972年	現在の公設市場再建
移設へ	2016年	那覇市が再整備計画を策定
	2023年	再整備事業終了完成

AREA
GUIDE

中部
西海岸リゾート

周辺スポットへの
アクセス

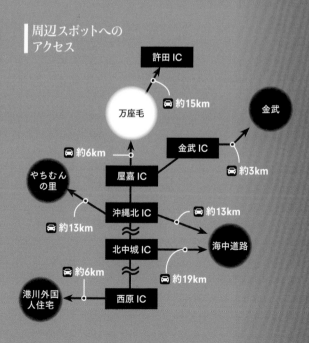

許田 IC

万座毛

🚗 約15km

金武

金武 IC

🚗 約6km

屋嘉 IC

🚗 約3km

やちむん
の里

沖縄北 IC

🚗 約13km

🚗 約13km

北中城 IC

海中道路

🚗 約6km

🚗 約19km

港川外国
人住宅

西原 IC

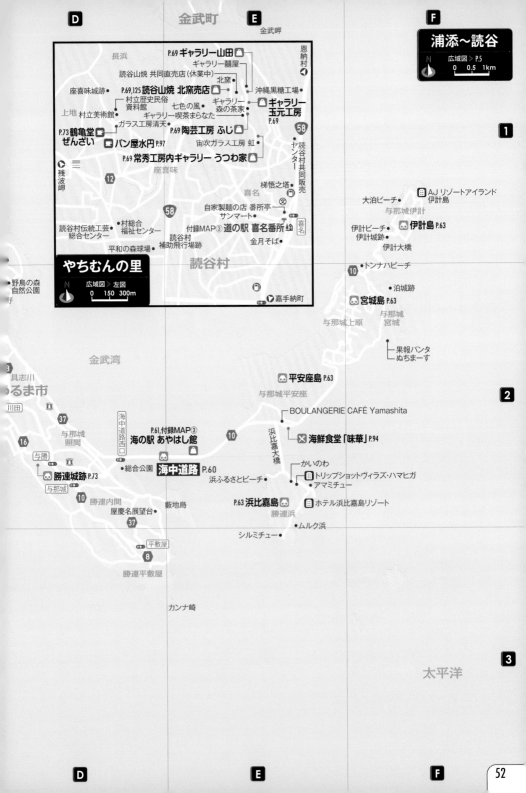

本部町 D
彩庵
キャプテンカンガルー
タコライス

宮里 名護 84
大西
名護博物館
またきな大橋
多野岳
真喜屋

58
宮里3丁目

名護市役所
21世紀の森
公園

名護城跡
▲名護岳
名護岳

名護湾

A&W名護店

18
大川
大浦川
東村
東村 331

P.76 ザ・ブセナテラス

かねひで喜瀬ビーチパレス
ザテラスクラブ アット ブセナ

名護署
世富慶
世富慶
名護曲レストラン

世富慶
名護市

瀬嵩
大浦

汀間

P.72 幸喜ビーチ

かねひで喜瀬ビーチパレス

数久田

国頭方面道路

数久田

轟の滝

329

わんさか大浦パーク

二見

カヌチャベイホテル&ヴィラズ

万国津梁館
Café Terrace
ブセナビーチ
部瀬名岬

許田
許田漁港

道の駅 許田 付録MAP③
許田

辺野古岳
大浦湾

ナ海中公園
P.65

58
幸喜公園

許田ゴルフクラブ
石岳
久志岳

ヘリオス酒造

329

沖縄スパリゾート エグゼス
ザ・リッツ・カールトン沖縄
オリエンタルホテル リゾート & スパ
沖縄かりゆしビーチリゾート・オーシャンスパ
かねひで喜瀬カントリークラブ
コンドミニアムホテルしまんちゅクラブ
恩納サンセットモール
ハレクラニ沖縄 P.79

久志岳
ゴルフガーデン
辺野古ダム

辺野古バイパス
辺野古

キャンプ
シュワーブ

辺野古
辺野古崎

辺野古西
長島
平島

名嘉真

沖縄自動車道

71

久志

豊原

13

大川ダム
鍋川ダム

宜野座ダム

松田北

宜野座カントリークラブ

の森

宜野座村

かんな湖
宜野座

漢那ダム

331

329

Gallivant bakery
松田

太平洋

宜野座村役場
宜野座 234

国際交流村(休館中)

付録MAP③ 道の駅 ぎのざ
漢那

惣慶

恩納海岸〜許田

漢那ビーチ
かんな病院

N 広域図▶P.5
0 0.5 1km

104

金武ダム

リブマックス アムス・カンナリゾートヴィラ
沖縄WATSUセンター

Café がらまんじゃく P.95
KINサンライズビーチ P.24

キャンプハンセン
GATE1
金武

金武
金武町役場
金武大川
鍾乳洞古酒蔵 龍の蔵

億首川のマングローブ林
ネイチャーみらい館

万座毛周辺

広域図▶上図
0 250 500m

東シナ海

ANA インターコンチネンタル
万座ビーチリゾート

キングタコス 金武本店 P.73,98

万座毛
P.65

ハイアット リージェンシー
瀬良垣アイランド 沖縄

金武

金武 新開地 P.72
richamocha cafe

金武岬

恩納
万座ビーチ
恩納漁港

58

琉球銘菓 三矢本舗 恩納店

kayakclub GOODLIFE
瀬良垣 P.89 Hawaiian
Pancakes House Paanilani

恩納海浜公園
ナビービーチ

恩納村役場
万座毛

58
恩納バイパス

琉球ガラス工房 glacitta' P.153

沖縄料理
しまぶた屋

沖縄工芸村

田中果実店

御菓子御殿 恩納店
オリエンタルヒルズ沖縄

恩納村

54

D
E
F

真栄田岬 P.65

東シナ海

裏真栄田ビーチ
真栄田漁港
・展望台
・青の洞窟
・さざなみの塔
コテージ泊楽
MARINE CLUB Nagi
ロケーションダイニング凪

リザンシーパークホテル谷茶ベイ
シェラトン沖縄
サンマリーナリゾート
タイガービーチ
ホテルモントレ沖縄スパ & リゾート
ムーンビーチ
カフーリゾート フチャク
コンド・ホテル
プリンス
プラージュ
P.77 ザ・ムーンビーチ ミュージアムリゾート
恩納マリンビューパレス
PGMゴルフリゾート沖縄

1 真栄田
久良波
前兼久漁港
前兼久
58
冨着

山田中⊗
恩納村博物館
琉氷 おんなの駅店 P.99
おんなの駅「なかゆくい市場」付録MAP③
仲泊

P.64 琉球村
P.79 ルネッサンス リゾート オキナワ
58
恩納村
山田
山田
仲泊遺跡
仲泊
73

P.86 GOZZA

西海岸リゾート
広域図 下図
0   250   500m

P.71 ミッションビーチ

右下図へ

2 万座毛 P.65
瀬良垣
恩納バイパス
RYUKYU B' & BEER
美らオーチ
ゴルフ倶楽部
安富
安富祖

東シナ海
恩納村役場 万座毛
La Casa Panacea
Okinawa Resort
ジ・アッタテラス クラブタワーズ
喜瀬志

58 恩納
恩納

88
恩納岳
金武町

赤間運動場

ザ・ベリドット スマートホテル タンチャワード
谷茶
伊芸SA
金武

上図へ
ホテルモントレ沖縄
スパ & リゾート
恩納村
屋嘉
伊芸
金武
ザ・ムーンビーチ
ミュージアムリゾート
PGM
ゴルフリゾート沖縄
前兼久
329 331
屋嘉
屋嘉漁港

3 真栄田岬 P.65
コテージ
泊楽
ルネッサンス リゾート
オキナワ
58
山田
仲泊遺跡
仲泊
73
東山
カントリークラブ
石川
石川赤崎
⊗石川署
赤崎1丁目
石川
255 金武湾港
石川火力発電所
金武湾

残波岬
6
真栄田
琉球村
山田
うるま市
ビオスの丘
沖縄ロイヤル
ゴルフクラブ
石川公園
ココ ガーデンリゾート オキナワ

沖縄北IC
329
石川東恩納
A   B   C

中部
西海岸リゾート

絶景と多様な文化を楽しむ

中部の西海岸リゾートエリアには、白砂の美しいビーチが点在する。晴れた日の海岸沿いの道には、コバルトブルーの海が広がり、ドライブも快適だ。

また、琉球村ややちむんの里、世界遺産のグスク跡など、琉球文化を体感できるスポットと、北谷町のアメリカンビレッジ、金武町、港川外国人住宅などアメリカ文化を感じられるスポットも多数点在している。

沖縄の多様な文化に直に触れることができるのが、中部エリアの最大の魅力だ。

混ぜこぜちゃんぷるー
文化を味わおう♪

絶景地が多数なエリアだから
【こんな楽しみ方もあります】

やちむんの里で買い物

工房やギャラリーが密集する敷地内は坂が多く、車の利用が便利。12月の陶器市では格安で購入することができる。
▶P.66

海中道路で海ドライブ

車で気軽に離島巡りが楽しめる、沖縄きってのドライブコース。海中道路周辺は浅瀬のため、きれいな海を見ながらドライブするには、満潮時を狙って行こう。
▶P.60

極上なリゾートホテルにステイ

読谷村から恩納海岸、部瀬名岬周辺の西海岸にある、ラグジュアリーなホテルでの滞在を楽しもう。
▶P.74

港川外国人住宅を散策

かつての外国人住宅が、カフェや雑貨店などに改装され、おしゃれなお店が集まる人気エリアに。近い距離に多くの店が集まっており、ショップ巡りがしやすい。
▶P.71

キホンは車で
【交通案内】

レンタカー

絶景スポットの多い中部はドライブに最適。繁忙期には空車がない場合もあるので、事前のネット予約を。

バス

リゾートステイメインのゆったり派には、空港と各主要ホテルを結ぶ、空港リムジンバスの利用がおすすめ。

ゆいレール

2019年に首里〜てだこ浦西駅間を延伸したゆいレール。浦添エリアでの観光がとても便利に。

広いエリアだから…
【上手に巡るヒント！】

1 自由自在なレンタカーが最も便利

西海岸のリゾートエリアや、海のパノラマが広がる海中道路など、絶景ロードが多数ある中部。見どころが広範囲にわたるため、車を借りて目当てのスポットをくまなく巡りたい。

2 安くて便利な高速道路を活用

那覇IC(那覇市)と許田IC(名護市)を結ぶ全長57.3kmの沖縄自動車道路。この高速道路を活用することで、沖縄南ICから北谷へ、沖縄北ICからやちむんの里や海中道路へ、西海岸リゾートは石川ICを利用して那覇ICから40〜50分で移動が可能に。那覇IC〜許田IC間を走って、1040円(普通車)という安価な通行料金もうれしい。

3 絶景の西海岸は時間にこだわる

西海岸では、真っ青な沖縄の空と海が次第に赤く染まっていく感動のサンセットも楽しみの一つ。日没時間は、夏は19時頃、冬は17時頃。事前に確認のうえ、夕日スポットへ向かおう。

さらに 裏ワザ

☑ ホテルでは子連れ向けサービスも
紙おむつ＆ミルクの無料提供やベビーカー貸し出しなど子ども向けサービスが充実のホテルも。

☑ みやげは地元大型スーパーで調達
ベッドタウンの中部には地元民御用達のスーパーが点在。沖縄らしい食材みやげを購入しよう。

伝統工芸の里を訪ねる
2 読谷（よみたん）

読谷には、沖縄の伝統工芸品として人気の焼き物「やちむん」の陶芸窯元が集まる。「やちむんの里」では、静かな里の中を歩き、職人の作業風景を間近で見学しながら、器探しが楽しめる。

絶景ナビ	やちむんの里 ▶P.66
	残波岬 ▶P.65
	星のや沖縄 ▶P.74

シーサイドドライブはここで
1 恩納海岸（おんなかいがん）

目の前に広い空、車窓からは透明度抜群の海を眺められる、沖縄きってのドライブスポット。見晴らしのいい岬には、公園や散歩道が整備されており、車を降りて散策も楽しめる。

BEST 絶景

| 絶景ナビ | 万座毛 ▶P.65 |
| | ミッションビーチ ▶P.71 |

！ ご注意を
国道58号は渋滞しがち

ハイシーズンの西海岸沿いの国道58号は、時間帯にかかわらず渋滞が発生することも。早朝行動や夜遅い移動など回避策を。

アメリカンタウン
3 金武（きん）

1970年前後にアメリカ人向けの繁華街として発展した金武町。沖縄のソウルフード、タコライス発祥の地として知られる。英語表記の看板やペイントされたショップなど独特のレトロアメリカンな街並みが絵になる。

エンタメエリア
4 北谷（ちゃたん）

映画館やシーサイドカフェ、セレクトショップなどが集まるアメリカンビレッジ。周辺には夕日が美しい北谷サンセットビーチのほか、大型ショッピングセンターもあり、北谷の人気ランドマークは一日中楽しめる。

（地図）
- 58
- 104
- 宜野座村
- 宜野座IC
- 恩納村
- 金武IC
- 2
- 1
- 屋嘉IC
- 金武湾
- 石川IC
- 3
- 読谷村
- 58
- 沖縄北IC
- うるま市
- 海中道路
- 10
- 絶景のシービューロードが点在！
- 嘉手納町
- 沖縄南IC
- 4
- 宜野湾市
- 北中城村
- 6
- 浦添市
- 7
- 北中城IC
- 5
- N 0 3km

フォトジェニックな街並み
7 港川外国人住宅（みなとがわがいこくじんじゅうたく）

外国人住宅がリノベーションされた店舗が軒を連ねる。おしゃれな外観だけでなく、素材にこだわったグルメやセンスある雑貨など、沖縄のハイレベルな"いいもの"が集まる。

| 絶景ナビ | [oHacorté] 港川本店 ▶P.89 |
| | COCOROAR CAFE ▶P.88 |

お手軽離島ホッピング
6 海中道路周辺（かいちゅうどうろしゅうへん）

うるま市からのびる海中道路の先には、平安座島、浜比嘉島、宮城島、伊計島が連なる。各島には手つかずの自然が残り、絶景を望む展望所も点在。それぞれの島に個性がある。

BEST 絶景

| 絶景ナビ | 海中道路 ▶P.60 |
| | 宮城島 ▶P.62 |

絶景を望む名城跡あり
5 北中城・中城（きたなかぐすく・なかぐすく）

世界遺産の中城城跡や18世紀中頃の中村家住宅など、琉球文化を感じる歴史スポットのある地域。北中城は外国人住宅を改装したセンスのいいカフェやショップが増加し話題。

BEST 絶景

| 絶景ナビ | 中城城跡 ▶P.72 |
| | 勝連城跡 ▶P.73 |

絶景の西海岸ドライブ＆工芸村の やちむんの里＋αでサンセットを満喫

1日コース 🚗車で

絶景ナビ 国道58号〜やちむんの里〜海中道路

絶景シービュースポットが点在する中部。
沖縄の伝統工芸や歴史、アメリカンな文化に
触れながら、爽快ドライブコースを進もう。

食事や休憩、買い物は58号沿いにある地元の産直市場「おんなの駅 なかゆくい市場」がおすすめ。石川ICから5分のところにあり、ドライブの休憩にも最適。

▶付録MAP③

👣 徒歩すぐ

11:30 名物の特大かき氷をいただく
琉冰 おんなの駅店

山のように盛られたかき氷の頂点にアイス、周りにトロピカルフルーツなど沖縄らしいトッピングが特徴。

フルーツ山盛り！

▶P.99

季節の果実をふんだんに使ったアイスマウンテン（かき氷）トロピカルフルーツは必食

🚗 車で約10分

琉球王国時代、文化交流の盛んな宿場としてにぎわった場所に、観光案内所「道の駅 喜名番所」が。歴史的資料や観光パンフレットなどを見て休憩できる。

▶付録MAP③

🚗 車で約5分

START
恩納村のホテル

🚗 車ですぐ

8:00 風光明媚なシーサイドラインを走る
国道58号

沖縄を南北に貫き、地元で"ごーぱち"などと呼ばれ親しまれる国道58号。車窓に広がる青い海と広い空、点在するリゾートホテルの南国らしい風景が魅力。

🚗 車で約20分

8:30 涼しい午前に遊歩道を歩く
万座毛

絶景ナビ

東シナ海を一望できる、断崖上にある広大な草原。断崖の上の台地には遊歩道があり、10分ほどで散策することができる。象の鼻の形をした奇岩が撮影ポイント。

▶P.65

🚗 車で約20分

9:00 沖縄の本格リゾートビーチへ
ムーンビーチ

絶景ナビ

自然に囲まれた三日月形の天然ビーチで、無人島ツアーなどのアクティビティも豊富。紫外線の強い沖縄での海遊びは、日が高くなる前の午前中がおすすめだ。

▶P.77

🚗 車で約5分

ⓘ ドライブナビ

海岸線沿いを走るビューロードが魅力の中部では、車を借りて爽快なドライブを満喫したい。西海岸沿いの国道58号で車窓から海を望みつつ、沖縄を代表する絶景スポット、万座毛へ。

国道58号や万座毛周辺は混雑するので朝早めの行動がおすすめだ。一帯には南国ムード漂うビーチや、ドライブ途中の立ち寄りに便利な施設が点在している。

読谷村の工芸村で伝統工芸の焼き物を手に入れたら、このエリアのもう一つの絶景ロード、海中道路を目指して東海岸エリアへ。日没に合わせて西海岸エリアへ戻り、海沿いのレストランに席をとれば、水平線に沈むロマンチックな夕景に出合うことができる。

15:00　琉球史に名を残す名グスクへ
中城城跡
なかぐすくじょうあと

絶景ナビ

美しい曲線を描く城壁が、歴史的に貴重な世界遺産のグスク。近くにある18世紀中頃に建てられたと伝わる「中村家住宅」もあわせて訪ねては？

▶P.72

🚗 車で約40分

↓

16:30　海風感じる人気ドライブコース
海中道路
かいちゅうどうろ

絶景ナビ

4つの島を巡れる全長約5kmの絶景ドライブコースに足をのばす。各島では、車を降りて展望台や観光施設を訪ね、それぞれの島の個性に触れたい。

どこまでも青い海

▶P.60

🚗 車で約1時間

↓

18:00　サンセットタイムは西海岸へ
サンセットディナー

息をのむほど美しいと言われる、沖縄のサンセット。西海岸にあるリゾートホテルのシーサイドレストランで、夕日を眺めながら贅沢なディナータイムを。

▶P.74

GOAL

12:30　やちむん製作の現場へ
やちむんの里

絶景ナビ

敷地内に19の工房が集う工芸村。沖縄らしい瓦屋根の風景に癒やされる。作業風景を間近に、好みの器を探して。

▶P.66

工房を巡り、お気に入りの器を見つけよう

🚗 車で約25分

↓

14:00　北谷でアメリカンバーガーを食す
GORDIES
ゴーディーズ

外国人住宅を利用した雰囲気ある店内。食感にこだわったバンズや、粗挽きの牛肉ミンチを使用したパテが人気。

▶P.98

自慢は自家製バンズ

人気はスペシャルハンバーガー2130円

🚗 車で約10分

↓

北谷を訪れたら立ち寄りたい、地元客も多い「アメリカンビレッジ」。大型無料駐車場があるので、車を停めて隣接のビーチやショップを回ってみよう。

🚗 車で約25分

↓

海上を駆け抜ける
全長4.75kmの
爽快ドライブ！

1 絶景ナビ

海中道路周辺

海中道路
（かいちゅうどうろ）

MAP P.52D-2 ☎098-894-6512
（沖縄県土木建築部中部土木事務所維持管理班）

勝連半島とその東沖に浮かぶ4つの島を結ぶ無料の海中道路で、橋の途中にあるビーチでは海水浴やマリンスポーツに興じる人も多数。青い海の上を走る感覚が人気のドライブコースで、快晴の日の満潮時が、絶景が見られるベストタイム。

所うるま市与那城屋平 料通行無料 交沖縄北ICから約13km（海中道路西口まで）Ｐあり

開放的な
絶景ロードを走り
離島巡りの旅へ

info 写真撮影なら海を一望できる
「海の駅 あやはし館」へ

海の駅 あやはし館
（うみのえき かん）

MAP P.52E-2 ☎098-978-8830

海中道路の中間にある海の駅。みやげコーナーやレストラン、展望テラスがあり、絶景を望める。所うるま市与那城平4 時9:00～17:30 休無休 交沖縄北ICから約13km Ｐあり

▶付録MAP③

1 海の駅にかかる歩道橋からの絶景 2 ライトアップされた夜景も美しい

宮城島にある果報バン
タは絶景スポット

小さな島の雄大な
自然と島時間に浸る

2 絶景の4離島

絶景ナビ

MAP P.52E-2、F-1、2

海中道路の先には、平安座島・浜比嘉島・宮城島・伊計島の4つの離島があり、車で巡ることができる。美しいビューポイントや、琉球神話のスピリチュアルスポットが点在する島々の魅力に触れよう。

車で気軽に楽しめる！
海中道路を渡って離島ホッピング

海に癒やされ、石垣や赤瓦の民家が並ぶ沖縄の原風景を歩き、島の神に挨拶をする。4つの島それぞれの個性を味わおう。

伊計島 **D**
大泊ビーチ・
伊計大橋
宮城島 **C**
泊城跡
果報バンタ
ぬちまーす
平安座島 **A**
海鮮食堂「味華」
海駅あやはし館
海中道路
藪地島
浜比嘉島 **B**
シルミチュー
太平洋
カンナ崎
0 1.5 3km

周辺MAP **MAP P.52**

A 平安座島（へんざじま）
MAP P.52E-2

海中道路、浜比嘉大橋、桃原橋の3つの橋で結ばれた島。青い海に、石油基地のタンクが浮かぶように並ぶ景色が印象的。

B 浜比嘉島（はまひがじま）
MAP P.52E-2

琉球開祖の夫婦神が暮らしたとされる洞窟や墓のある、自然豊かな神秘の島。島内の各所には、拝所や御嶽が残る。

C 宮城島（みやぎじま）
MAP P.52F-2

ほかの島々より標高が高く、雄大な絶景を望むビュースポットが点在。サンゴの石垣や赤瓦屋根の集落も島の魅力だ。

D 伊計島（いけいじま）
MAP P.52F-1

4つの島の先端にある、サトウキビ畑の広がる小さな島。沖縄最大級の縄文時代の村落跡や、昔ながらの風景が残る。

1

2

1 琉球神話が伝わる浜比嘉島は、自然の美しさがそのまま残る天然ビーチも魅力 **2** サンゴが群生する伊計島の大泊ビーチ **3** 平安座島の海鮮食堂「味華」で鮮度抜群の魚介を堪能（→P.94） **4** 浜比嘉島には琉球開祖の2人の神を祀るアマミチューの墓がある

4

3

カニ一匹を豪快にのせた人気のカニそば！

天候に関係なく楽しめる♪
沖縄カルチャーを体験

バラエティ豊かな体験メニューが用意され、琉球文化を体感できる。

① オリジナルシーサー絵付け

素焼きのシーサーに色を塗って世界に一つだけのシーサーがつくれる

② サンゴランプ作り

サンゴをドーム型に組み立ててオリジナルのランプを作る体験

③ サンゴのフォトフレーム作り

沖縄の海でとれたサンゴや貝殻などを使ってフォトフレームを作る体験

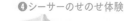

④ シーサーのせのせ体験

シーサーやトロピカルなモチーフを土台に乗せて旅の思い出になるオブジェをつくろう

恩納海岸

3 絶景ナビ

琉球村
りゅうきゅうむら

MAP P.55A-1 ☎098-965-1234

築80年以上の沖縄伝統民家を移築し、琉球時代の文化を再現した体験型テーマパーク。さまざまな工芸体験、エイサーや琉球舞踊などの伝統芸能が楽しめる。

所恩納村山田1130 時9:00〜16:00 休無休
※変更になる場合あり。詳しくは公式HPを確認 料1500円 交石川ICから約7km Ｐあり

1 1周10分ほどの遊歩道 **2** 日没時刻を事前にチェックし、絶景の夕日を眺めよう

中部［絶景名所ナビ］

恩納海岸

4 絶景ナビ

万座毛
まんざもう

MAP P.55B-2 ☎098-966-8080
（万座毛周辺活性化施設）

琉球時代、国王が「万人が座するに足る」と称賛したことが由来の西海岸きっての景勝地。海にせり出す、象の鼻に似た切り立った岸壁が特徴的。遊歩道が整備されており、絶景を眺めながら周遊できる。

所恩納村恩納 時8:00〜20:00（11〜3月は18:00）料展示施設＋遊歩道利用料100円 交屋嘉ICから約6km Pあり

美しいコバルトブルーの海を望む
まだある西海岸の絶景スポット

沖縄屈指のリゾート地の西海岸には絶景岬が点在。夕焼けの美しさは息をのむほど。

真栄田岬
まえだみさき
（真栄田岬管理事務所）

MAP P.55A-3 ☎098-982-5339

ダイビング・シュノーケリングスポットとして大人気の青の洞窟がある岬。階段を降り、直接海に入れる。

所恩納村真栄田469-1 時7:00〜19:00（季節ごとに変動あり）休台風時 料無料 交石川ICから約7km Pあり（有料）

残波岬
ざんぱみさき
（燈光会残波岬支所）

MAP P.53A-1 ☎098-958-3041

断崖が約2km続く岬。白亜の灯台が、青い空と海によく映える。快晴の日には、慶良間諸島を一望できる。

所読谷村宇座岬原1933 時見学自由（灯台は9:30〜16:30※季節により異なる）料灯台は参観寄付金300円 交石川ICから約14km Pあり

ブセナ海中公園
かいちゅうこうえん

MAP P.54D-2 ☎0980-52-3379

部瀬名岬先端の公園。海中展望塔やグラスボートがあり、鮮やかな海の中を間近に観察することができる。

所名護市喜瀬1744-1 時9:00〜17:30（季節により異なる）休無休（海況により休業）料展望塔＋グラスボート2100円 交許田ICから約4km Pあり

沖縄の伝統に触れる
手仕事の里へ

沖縄焼き物の伝統・文化・歴史を体感！
やちむんの里とは

19の工房と2つの共同売店があり、窯元、陶芸家ごとにさまざまな器類、シーサーなどの生産・展示・販売をしている。

読谷村で活躍していた陶工や、1972年に人間国宝の故・金城次郎氏が壺屋より窯を移したことを機に、読谷村の米軍跡地にやちむんの里を形成。読谷山焼の中堅の陶工4名が共同登窯を築き、現在までに発展してきた。

北窯の窯焚き

名工4人（宮城正享氏、松田米司氏、松田共司氏、與那原正守氏）の共同窯元である北窯では、年に数回窯焚きが行われる。タイミングが合えば、その様子を実際に見学できることも。

窯出し

文字通り窯で焼き上げた器を取り出す作業で、火入れから1週間ほどで行われる。数千に及ぶ作品が焼き上がる窯出しの日には、全国からやちむん愛好家や業者が買い付けに集まる。

陶器市

若手から親方までそれぞれの多彩な作品が、各工房の前で展示・販売される。12月中旬に行われ、通常より2～3割安い価格で購入できる。陶芸家と直接話す機会があるのも陶器市ならでは。

5 絶景ナビ

読谷
やちむんの里 (さと)
MAP P.53B-1

沖縄の伝統焼き物「やちむん」の工房が点在。ぽてっとした厚みと大らかな絵柄が伝統作品の特徴だが、新たな感性が加わった作品も増えている。のどかな風景を歩き、器探しを楽しもう。

所読谷村座喜味　時見学自由（一部見学不可）葵石川ICから約10km Pあり

1 年に2～5回ほど行われる窯焚き・窯出し風景を読谷山焼登窯で垣間見ることができる 2 敷地内は赤瓦にヤシの木など、沖縄らしい景観が広がる 3 沖縄の自然をモチーフにした図柄は伝統技法の魚紋彫りで描かれる 4 緩やかな傾斜を利用して造られた赤瓦屋根の登り窯は、やちむんの里のシンボルだ

豊かな緑の中
琉球赤瓦が映える
のどかな里

自然豊かな里に有名作家が集う青空美術館
19の工房が集まるやちむんの里を巡る

人里離れた緑の中 やちむん探しへ

やちむんの里のある読谷は、那覇の壺屋と並ぶやちむんの産地として知られる。かつて琉球王府が窯を首里城下に集め誕生した壺屋窯が読谷村で発見された窯が、これより古い窯だが、これより古い窯が読谷村で発見されている。1972年、故・金城次郎氏が工房を移して以来、発展してきたやちむんの里は、現在19の工房が集う。豊かな自然広がる読谷は、今も昔も陶芸家が制作に打ち込むには理想的な環境なのだろう。沖縄らしいのどかな空気の中、ゆるりと器探しを楽しもう。

Ⓐ ギャラリー山田 (やまだ)
MAP P.52E-1 ☎098-958-3910

室内の大きな窓から、読谷の森を見渡せる。伝統をふまえつつもダイナミックで鮮やかな絵柄が作品の特徴。

🕐11:00～12:00、13:00～17:00 休不定休

鮮やかな色使いの、赤絵ぐい飲み7000円

Ⓑ 陶芸工房ふじ (とうげいこうぼう)
MAP P.52E-1 ☎098-989-1375

人間国宝の故・金城氏の孫娘、藤岡香奈子さんの陶房兼ショップ。伝統の魚紋に、ポップ感を取り入れている。

🕐9:00～18:00 休不定休

5寸皿1枚焼き3300円

▶P.125

ペルシャンブルーの小鉢2420円～

Ⓒ 読谷山焼 北窯売店 (よみたんざんやき きたがまばいてん)
MAP P.52E-1 ☎098-958-6488

4窯元の共同登り窯で焼き上げられた作品を販売している。

🕐9:30～13:00、14:00～17:30 休不定休

マグカップ3410円など種類豊富な器をそろえる

Ⓓ ギャラリー 玉元工房 (たまもとこうぼう)
MAP P.52E-1
☎090-6862-7726

玉元輝政氏の工房兼ギャラリー。素朴ながらも心惹かれる色合いのやちむんが並ぶ。

🕐9:30～17:30 休水曜

Ⓔ 常秀工房内ギャラリー うつわ家 (つねひでこうぼうない)
MAP P.52E-1 ☎090-1179-8260

島袋常秀氏の工房兼ギャラリー。伝統の模様彩り豊かでやわらかな風合いが印象的。

🕐9:00～18:00（日曜は10:00～）休不定休

地図内ラベル
- 読谷山焼北窯（宮城正享）
- 読谷山焼北窯（松田共司）
- 読谷山焼北窯（松田米司）
- 横田屋窯（知花寛）
- 読谷山焼北窯（與那原正守）
- **読谷山焼北窯**
- 読谷山焼（大嶺實清）
- Ⓐ 読谷山焼（山田真萬）
- 読谷山焼（玉元輝政）
- **読谷山焼窯**
- 読谷山焼（金城明光）
- **金城次郎窯**
- 読谷壺屋焼 金城敏男窯
- 読谷壺屋焼 金城敏昭窯
- 徒歩5分 400m
- 県道12号線→
- 常秀陶器工房（島袋常秀）
- 宙吹ガラス工房虹（稲嶺盛吉）
- Ⓑ
- Ⓟ
- 最も大きい無料駐車場
- 読谷村共同販売センター
- ←那覇市 58 恩納村→

カフェオレボール2420円。スープやサラダにも

info 「やちむんカフェ」でひと休み

里周辺にはこだわりの器で料理やドリンクが味わえる、アットホームなカフェも。実際の使い心地や手触りなどを感じられるため、器選びの参考に◎。

tou cafe and gallery (トウ カフェ アンド ギャラリー)
MAP P.53B-1
☎098-953-0925

北窯の陶工・松田米司氏のカフェ＆ギャラリー

🕐11:00～15:00 休日・月曜

写真はイメージです。

吹きガラスを体験

❶ 空気を送り込む

ガラスを吹き竿に取り、ゆっくりと空気を吹き込みながら形を整える

❷ 吹き竿を抜く

吹き竿に近い所がやわらかいうちにハシで切り込みを入れ切り離す

❸ 口を広げる

ガラスが冷めて固まらないうちに口を広げる

❹ 冷やす

でき上がったグラスは徐冷炉に入れて冷やす

絶景ナビ

恩納海岸

6 琉球ガラス 匠工房 石川本店

MAP P.53C-1 ☎098-965-7550

職人の指導を受けながら、お気に入りの型を選び、世界にひとつだけのオリジナルグラスの制作体験ができる。体験の際、グラスの模様や形状の種類が豊富に用意されている中から選べるのもうれしい。

所うるま市伊波1553-279 時9:00～18:00 休水曜 料吹きガラス体験3000円～ 交石川ICから約3km P あり

絶景ナビ

沖縄北IC周辺

7 東南植物楽園

MAP P.53B-2 ☎098-939-2555

約1300種類の南国の植物や動物とふれあえる創業50年以上の歴史を持つ植物園。10～5月の夜には、幻想的なイルミネーションを楽しむこともできる。

所沖縄市知花2146 時9:30～17:00（イベントごとに営業時間が異なる）休無休 料1540円 交沖縄北ICから約3km P あり

カピバラと間近でふれあうこともできる

1 通りにはアメリカの州の名前が付けられている **2** 白ベースの外壁の住宅は店舗によりカラフルに彩られている

かわいらしい外観のこだわりショップがずらり

8 絶景ナビ

港川外国人住宅周辺

港川外国人住宅

MAP P.53A-3 ☎店により異なる

かつてキャンプ・キンザーの米軍関係者が暮らした住宅街の跡地。現在は多くの建物が改装され、カフェやショップなどの集まる人気のスポットとなっている。

所浦添市港川2｜交西原ICから約6km｜Pあり

9 絶景ナビ

恩納海岸

ミッションビーチ

MAP P.55C-2 ☎098-967-8802

白い砂浜と紺碧のサンゴ礁が美しいアメリカンスタイルのプライベートビーチ。シュノーケリングなど各種マリンアクティビティがそろうほか、BBQも楽しめる。

所恩納村安富祖2005-1｜時9:00～18:00（遊泳は～17:30）｜休期間中無休（遊泳期間は4月下旬～10月下旬）｜料300円｜交許田ICから約8km｜Pあり（有料）

11 金武 新開地

<ruby>金武<rt>きん</rt></ruby> <ruby>新開地<rt>しんかいち</rt></ruby>

絶景ナビ

金武

MAP P.54D-3 ☎098-989-5674（金武町観光協会）

1970年前後、米兵向けの繁華街として発展した金武町「新開地」。日の丸と星条旗が掲げられたアーチが象徴的で、沖縄でも特に異国情緒を感じる場所だ。

所金武町金武アクティブパーク周辺 交金武ICから約3km Pあり

通りに英語表記の看板が並び、フォトスポット多数

10 幸喜ビーチ

絶景ナビ

許田IC周辺

MAP P.54D-2 ☎0980-54-2567（幸喜公園管理事務所）

幸喜公園内の、開放感あふれる約900mのロングビーチ。名護湾の向こうに名護市街や本部の山並みを望める景観のよさも人気。

所名護市幸喜674-1 時9:00～20:00（10～3月は～18:00）休無休 交許田ICから約2km Pあり

info あわせて訪れたい「中村家住宅」

戦前の沖縄の住居建築の特色を備える。当時の上層農家の生活を伝える貴重な遺構だ。

農家ならではの高倉や納屋、畜舎などが備わっている

中村家住宅

<ruby>中村家<rt>なかむら</rt></ruby><ruby>住宅<rt>けじゅうたく</rt></ruby>

MAP P.53B-3 ☎098-935-3500

所北中城村大城106 時9:00～17:00 休水・木曜 料500円 交北中城ICから約3km Pあり

2 中城城跡

<ruby>中城城跡<rt>なかぐすくじょうあと</rt></ruby>

絶景ナビ

北中城・中城

MAP P.53B-3 ☎098-935-5719

標高約160mの丘陵上にあるグスク跡。15世紀中頃に護佐丸が増改築し、6つの郭からなる壮大なグスクを完成させた。沖縄県内の古城の中で最も多くの遺構が残る。

所中城村字泊1258（史跡住所）／北中城村大城503（事務局）時8:30～17:00（5月～9月は～18:00）休無休 料400円 交北中城ICから約3km Pあり

港川外国人住宅周辺

絶景ナビ 13 浦添市美術館

MAP P.53A-3
☎098-879-3219

日本初の漆芸専門美術館として平成2年開館。16世紀以降の優れた琉球漆器のコレクションを中心に、日本と周辺諸国の漆芸品を収集。

所 浦添市仲間1-9-2 時9:30～16:30（金曜は～18:30）休月曜（祝日の場合開館）料300円 交西原ICから約3.5km Pあり

info 葛飾北斎の描いた「琉球八景」
左は8枚組の錦絵「琉球八景」の一つ『中島蕉園』。年に1度の企画展で展示される。

読谷

絶景ナビ 15 鶴亀堂ぜんざい

MAP P.52D-1 ☎098-958-1353

黒糖で6時間以上煮込んだ金時豆などこだわりの手作り沖縄ぜんざいの店。人気は紅芋黒糖ぜんざい680円。

所 読谷村座喜味248-1 時11:00～17:00 休水曜（7～8月は無休）交石川ICから約12km Pあり

海中道路周辺

絶景ナビ 14 勝連城跡

MAP P.52D-2 ☎098-978-2033
（あまわりパーク管理事務所）

15世紀、海外貿易で勝連に繁栄をもたらした阿麻和利の城跡。頂上から中城湾や金武湾を360度見渡せる。

所 うるま市勝連南風原3807-2 時9:00～17:30 料600円 交沖縄北ICから約10km Pあり

店内には大きなアイスのオブジェもあり、見て楽しむこともできる空間

中部

絶景ナビ 17 ブルーシール 北谷店

MAP P.53B-3 ☎098-936-9659

アメリカ生まれ、沖縄育ちのアイスショップで、地元の人から観光客にまで親しまれている。牧港本店は24年夏まで休業予定。

所 北谷町美浜1-5-8 時11:00～22:00 休無休 交北中城ICから約5km Pあり

▶P.99

金武

絶景ナビ 16 キングタコス 金武本店

MAP P.54D-3 ☎090-1947-1684

キンタコの愛称で親しまれるタコライス発祥の店。人気は、ボリューム満点のタコライスチーズ野菜800円。

所 金武町金武4244-4 時10:30～21:00 休無休 交金武ICから約3km Pあり

▶P.98

海辺のホテルで暮らすように泊まる

リゾートステイ案内

朝、眠りから覚めてすぐ、目に映り込む雄大な海のある風景は、どこを切り取っても絵画のごとく美しい。夢のような日常を、リゾートステイで叶えよう。

波音を聴きながら穏やかな時を過ごす

海と自然に包まれた極上の西海岸リゾートに憩う

波の音で目を覚まし、窓を覗くと目に映る、広い空とキラキラと輝くコバルトブルーの海。深い呼吸をして伸びをする、ただそれだけのことが、こんなにも尊く思える旅の朝のひととき。

ファシリティ、サービスともに幅広く充実したリゾートホテルでのステイは、沖縄の雄大な自然とゆったりとした島時間を満喫するのにぴったりだ。オーシャンビューにアクティビティ、絶品グルメに癒やしのスパも…。

海に向かって開かれた、浅瀬エリアもある屋外プール

海岸沿いの滞在で沖縄の豊かさを感じる

星のや沖縄

西海岸の美しい海岸線に沿って建つ、沖縄を代表するラグジュアリーリゾート。沖縄の史跡・グスクをモチーフにしたグスクウォールに包まれた施設では、一年中楽しめるプール、沖縄文化も体験できる道場など、多様なパブリックエリアが点在。

HOSHINOYA Okinawa

1 サンゴ礁の美しい海に沿ってうねるように建てられている 2 海を感じる落ち着いたデザインのダイニング 3 できたての食事を客室で味わえる食事スタイル「ギャザリングサービス」 4 ベッドルームに紅型があしらわれた客室

全ての願望を叶えながら、プライベート空間もしっかりと。そんなわがままな大人を満足させる、極上ステイを案内しよう。

hotel data

星のや沖縄

MAP P.53A-1 読谷

☎ 050-3134-8091

所 読谷村字儀間474 交 石川IC から約15km P あり

IN 15:00 OUT 12:00

● 料金／13万6000円～
● 客室数／100
● プール／屋外1
● レストラン・バー／1（ほか2軒併設）
● ショップ／1
● スパ／1

鮮やかなブーゲンビリアが青い空と海に映える、ホテル棟からの眺望

海も空も開放感抜群
長年愛されるリゾート

ザ・ブセナテラス

部瀬名岬の約16・5万㎡の敷地に、ホテル棟と18室のクラブコテージが建つリゾート空間。オープンエアの開放感と洗練されたデザイン、最高のホスピタリティが旅人を魅了し、開業より25年以上、沖縄リゾートの代名詞として、多くのリピーターに愛されてきた。夕暮れどきにプールサイドに響くサックスの生演奏は、旅を鮮やかに彩る。

1 本格的な英国風アフタヌーンティー（3800円） 2 美しい景色が映えるよう館内は装飾を控えた、洗礼されたデザイン 3 客室は36㎡以上と広々

hotel data

ザ・ブセナテラス

MAP P.54D-1　恩納海岸

☎ 0980-51-1333

所 名護市喜瀬1808　交 那覇空港から70km、許田ICから約4km（空港からリムジンバスあり） P あり

IN 14:00　**OUT** 11:00
- ●料金／デラックスエレガントオーシャンフロント　朝食付き1泊5万5600円〜（サービス料込み）
- ●客室数／408
- ●プール／屋外2(4〜11月)・屋内1
- ●レストラン・バー／15
- ●ショップ／7
- ●スパ／1

The Busena Terrace

76

亜熱帯植物が生い茂る 自然に寄り添う楽園

ホテルムーンビーチ

最上階から伸びる10m以上のグリーンカーテンは圧巻

Moon Beach

hotel data

ザ・ムーンビーチ ミュージアムリゾート

MAP P.55B-1　恩納海岸

☎098-965-1020

所恩納村字前兼久1203　交那覇空港から約40km、石川ICから4km　Pあり（有料）

IN14:00　OUT11:00

●料金／1泊朝食付き1万5440円〜（サービス料込み）　●客室数／255
●プール／屋外1・半屋外1
●レストラン・バー／4（季節営業含む）
●ショップ／3（季節営業含む）
●大浴場／1

吹き抜けの緑や、テラスの植栽、レストランのテーブルの花など、あふれる草花がホテル全体に潤いを与える南国ムードたっぷりの老舗ホテル。館内では、まるで沖縄の自然の中に佇んでいるかのように、光や風、緑を感じられる。訪れるゲストが心から落ち着くことのできる、安らぎに満ちた空間が長年愛され続ける理由だろう。

❶バラエティ豊かな料理が楽しめる開放的なシービューレストラン ❷約350本のパームツリーに囲まれた、南国ムードあふれる空間 ❸子連れやお年寄りにうれしい和洋室もある

宇座ビーチを望む開放的なプール。
読書や昼寝など贅沢な時間を

The Uza Terrace
Beach Club Villas

ジ・ウザテラス ビーチクラブヴィラズ

極上ヴィラで過ごす大人のサマーヴァカンス

サトウキビ畑を抜けると、南国の緑の中に白壁と赤い瓦屋根が鮮やかなヴィラの集落が現れる。1棟ごとに区切られたプライベートヴィラには、全客室に専用プールが備えられ、キッチン付きリビングとベッドルームは陽光にきらめくプールを囲むようにレイアウトされている。オープンエアのプライベート空間で、贅沢な時間を過ごしたい。

hotel data

ジ・ウザテラス ビーチクラブヴィラズ

MAP P.53A-1　　読谷

☎098-921-6111

所読谷村宇座630-1 交那覇空港から約55km、石川ICから約13km
Pあり

IN 15:00　OUT 11:00

●料金／クラブプールヴィラ1ベッドルーム朝食付きツイン1名様1泊7万5000円〜（サービス料込み）
●客室数／48
●アウトドアプール／屋外1
●レストラン・バー／2
●ショップ／1
●スパ／1

1 美しいサンセットを望むバー＆ラウンジ 2 自家農園産の果樹や島野菜が味わえる 3 プールを囲むように配された2ベッドルームタイプの客室

イルカやクジラに出合う 感動体験のおとな旅

ルネッサンス リゾート オキナワ

■沖縄の豊かな自然をテーマにしたロビー ■オンザビーチ・全室オーシャンビューのバルコニー付き ■イルカとふれあうプランも

Renaissance Okinawa

マリンプログラムが豊富で、全室から美しい海が望めるホテル。環境省の「快水浴場100選」特選のプライベートビーチのラグーンでは、イルカとふれあえるドルフィンプログラムを開催。青の洞窟にも近く、シュノーケルツアーも開催している。美しい海で、感動の瞬間に出合おう。

hotel data
ルネッサンス リゾート オキナワ

MAP P.55B-1　恩納海岸

☎098-965-0707

所恩納村山田3425-2　交那覇空港から約49km、石川ICから約4km　Pあり

IN 14:00　OUT 11:00
- 料金／1泊朝食付き1万5000円〜
- 客室数／377
- プール／屋外1・屋内1
- レストラン・バー／9
- ショップ／5　●スパ／1

気品あふれる 至高の南国リゾート

ハレクラニ沖縄

■150万枚のモザイクタイルを用いて造られたメインプール ■294㎡の広さを誇るスイートルーム「オーキッドスイート」 ■ハワイと沖縄のメソッドを融合した「スパ ハレクラニ」

Halekulani Okinawa

オーキッドの花が輝く美しいプールが特徴の、ハワイ発の由緒あるホテル。客室はすべてオーシャンビュー。全360室のなかには、プライベートプールや天然温泉付きのヴィラが5棟ある。レストランやスパも充実しており、極上のリゾートライフを満喫できる。

hotel data
ハレクラニ沖縄

MAP P.54D-2　恩納海岸

☎098-953-8600

所恩納村名嘉真1967-1　交許田ICから約5km　Pあり

IN 15:00　OUT 12:00
- 料金／デラックスオーシャンビュー1泊朝食付き7万7165円〜
- 客室／360　●プール／屋外4（4〜10月）・屋内1　●レストラン・バー／5
- ショップ／2　●スパ／1

歴史

×物語

story & history

沖縄のルーツを紐解く

琉球王国から世界遺産へ…
タイムトリップの誘い

古来、琉球王国として栄えながら激動の歴史を刻んできた沖縄。国際色豊かな沖縄文化の背景を、歴史から紐解こう。

統一された琉球王国誕生の時を知る

琉球諸島では、日本の鎌倉時代に当たる12世紀頃から政治的勢力が現れ始め、各地の有力按司（豪族）が、グスクを拠点にその勢力を競い合った。やがて尚巴志が主要な按司を統括し、1429年に初めて統一権力を確立。琉球王国が誕生する。この頃、有力按司が拠点としたグスクは、南西諸島に300ほど分布し、そのうち5つのグスク跡は、琉球王国の関連遺跡とともに、世界遺産に登録されている。

尚真王の黄金期と琉球を巡る大航海時代

琉球王国の黄金時代を築いた3代目国王・尚真は、即位して以降50年にわたり多大な事績を残した。各地の按司を首里に集居させて弱体化を図ったほか、位階制・職制の整備、神女職の組織化などがその例である。またこの頃、明の冊封体制と海禁策を背景に、琉球は貿易の中継国として繁栄する。沖縄の海では、中国や朝鮮、東南アジア諸国の交易船や進貢船が行き交っていた。18世紀に造営され、冊封使の接待に利用された識名園は世界遺産に登録されている。

薩摩藩の侵攻と琉球王国の滅亡

16世紀、江戸幕府は明との調停役に琉球を利用しようとするも、王府側がこれを拒否。この事が引き金となり、薩摩軍は琉球に侵攻し首里城は陥落した。幕藩体制に組み入れられた琉球王国は、明治維新後の琉球処分の強行により滅亡。長い歴史に幕を下ろし、沖縄県となった。

七代尚寧王御後絵（鎌倉芳太郎氏撮影、沖縄県立芸術大学附属図書・芸術資料館所蔵）

琉球王国歴史年表

琉球王国の誕生	1429年	琉球王国が成立
	1453年	志魯・布里の乱により首里城全焼
	1458年	護佐丸・阿麻和利の乱が起こる
尚真王の時代	1477年	尚真13歳で王位に就く
	1526年	尚真、諸按司を首里に集居させる
	1589年	尚寧即位
薩摩藩による支配	1609年	島津氏、琉球侵攻。薩摩藩による支配
	1872年	琉球藩設置。尚泰、藩王となる
	1879年	琉球処分により王国は衰退・消滅

琉球王国のグスク及び関連遺産群［世界遺産］

今帰仁城跡
なきじんじょうあと
MAP P.103C-2
▶P.118

勝連城跡
かつれんじょうあと
MAP P.52D-2
▶P.73

座喜味城跡
ざきみじょうあと
MAP P.52D-1

園比屋武御嶽石門
そのひゃんうたきいしもん
MAP P.26E-3

首里城跡
しゅりじょうあと
MAP P.26E-3
▶P.36

中城城跡
なかぐすくじょうあと
MAP P.53B-3
▶P.72

玉陵
たまうどぅん
MAP P.26E-3
▶P.38

識名園
しきなえん
MAP P.26E-2
▶P.40

斎場御嶽
せーふぁうたき
MAP P.128F-3
▶P.136

GOURMET
GUIDE

沖縄で
食べる

沖縄そばは、県内で1日に15万食以上消費されているというソウルフード。麺は蕎麦粉ではなく、小麦粉のみ使用。店ごとにスープや具材に特徴がある。

110年以上の歴史を誇る 沖縄そばの老舗

地元民で知らない人はいないと言われる、明治時代に創業された沖縄そばの老舗中の老舗。メニューはきしもとそばの大・小と、ジューシーの3点というシンプルなものだが、毎日、多くの客でにぎわっている。

沖縄そばの専門店 きしもと食堂

北部

MAP P.103C-2 ☎0980-47-2887

所 本部町渡久地5
時 11:00〜17:00
休 水曜 交 許田IC から約23km
P あり

ココが絶品!

▶ **スープ**
豚骨をベースにカツオ節などの魚介をじっくり煮込んで作る。あっさりした味が人気の秘訣だ

▶ **麺**
厚みのある太麺は自家製で、その太さはまるでうどんのよう。コシがあり、モチモチ感も抜群

▶ **具材**
ボリュームのある三枚肉（豚のバラ肉）は溶けるほどやわらかく、スープの味も染みわたっている

▶ **コーレーグース**
島唐辛子を泡盛に漬けたピリ辛調味料。好みでかけて味わおう

これもオススメ!

ダシが効いたジューシー
（炊き込みご飯）300円

きしもとそば（大）
850円
カツオダシのスープ、モチモチの手打ち麺、やわらかい三枚肉が絶妙にマッチ

山原そば
やんばる

MAP P.103C-2　　北部

☎0980-47-4552

所本部町伊豆味70-1 時11:00〜15:00（売り切れ次第閉店）休月・火曜 交許田ICから約17km Pあり

三枚肉が食欲をそそる

1973年創業。早い日は開店からわずか数時間で完売することもある人気店。豚肉、豚骨、カツオ節などでダシを取ったスープと太めの平打ち麺は相性バッチリ。麺を隠すほどの三枚肉はボリュームたっぷりで、味も美味。

これも
オススメ！

ジューシーなソーキがのるボリューム満点のソーキそば950円

三枚肉そば
850円

じっくり煮込んだ豚バラ肉が麺とスープによく絡み、絶妙な味を醸し出している

グルメ
[沖縄そば]

本ソーキそば
900円

豚肉をじっくり煮込んだスープとコシのある細麺、甘辛のソーキが食欲をそそる

沖縄そばの店
しむじょう

MAP P.26D-1　　那覇

☎098-884-1933

所那覇市首里末吉町2-124-1 時11:00〜1時間程度で売り切れ次第閉店 休火・水曜、不定休 交ゆいレール市立病院前駅から徒歩約6分 Pあり

古民家で沖縄そばを堪能

県内産の豚から取ったダシと、カツオ節を煮出したダシをブレンドしたスープが、コシのある細麺と絶妙なハーモニーを奏でる。登録有形文化財に指定された、沖縄の伝統的な古民家のような店舗にも注目。

これも
オススメ！

てびち（豚足）の煮つけ350円はコラーゲンたっぷり

ゆしどうふそば（大）
800円

ほろほろとした食感のゆしどうふと、トロトロのソーキが人気のゆしどうふそば

高江洲そば
たかえす

MAP P.53A-3　　中部

☎098-878-4201

所浦添市伊祖3-36-1 時10:00〜16:00（売り切れ次第閉店）休日曜、不定休 交西原ICから約4km Pあり

ゆしどうふそばの元祖

創業50年、女性2代にわたり味を守り続けている「ゆしどうふそば」の元祖。ゆしどうふは寄せ豆腐のことで、沖縄ではメジャーな豆腐として知られる。豚骨ベースのスープはコクがあり、ゆしどうふとの相性もバッチリ。

これも
オススメ！

そばだけでは物足りない人はジューシー150円も

そのほかおすすめの沖縄そば 首里そば▶P.14

沖縄料理

中国や東南アジアなどの影響を受けた沖縄料理は、繊細な味から大胆な調理法までさまざま。沖縄の自然と歴史に育まれた独自の食文化を楽しもう。

八重山会席
5500円〜（昼・要予約）
琉球王朝料理を八重山流にアレンジして作られた、目に鮮やかな会席料理。夜会席は1万1000円〜提供

石垣島の食材を多く用い、八重山地方の伝統料理にアレンジを加えた風格ある料理が特徴。色鮮やかな品々は、沖縄を代表する陶芸家、大嶺實清氏の器に盛られ供される。テラス席からは那覇市内が見渡せ、首里の町を望む景色とともに楽しみたい。

目にも美しい
琉球の会席料理に舌鼓

潭亭（たんてい） 那覇

MAP P.26E-1
☎098-884-6193

所那覇市首里赤平町2-40-1 時11:30〜15:00、18:00〜23:00 休月曜 交ゆいレール首里駅から徒歩約10分 Pあり

▶P.39

これもオススメ！

菜飯（せーふぁん）
野菜や鶏肉がのったご飯にダシを注いだ、沖縄風のお茶漬け

ジーマーミ豆腐
落花生で作られる沖縄独特の豆腐をカツオ風味の醤油で

泡盛と沖縄料理を老舗居酒屋で

沖縄の本土復帰の頃より安里で営まれてきた、地元客や観光客でにぎわう店。県内全ての酒造の主要銘柄をそろえる、泡盛酒場の先駆け的存在だ。料理の品数も豊富で定番75種類、季節限定10種類が並ぶ。

1 ディープな栄町市場のほど近くに店を構える **2** 泡盛がずらりと並ぶ。カウンター席とテーブル席、2階には座敷席もあり

守礼定食
3240円
沖縄食材にこだわった家庭料理や宮廷料理14品が楽しめる、本格琉球料理定食

泡盛と琉球料理
うりずん
MAP P.28F-1 [那覇]
☎098-885-2178
所那覇市安里388-5（栄町市場内）3F 時17:30〜23:30 休無休 交ゆいレール安里駅から徒歩約1分 Pなし

うりずん定食
3564円
ラフテー、昆布のイリチイ、刺身、名物のドゥル天など、沖縄料理がひと通り味わえる

ゴーヤーちゃんぷる〜
660円
沖縄料理の代表選手。ゴーヤーの苦みと、卵の甘みが程よくマッチした逸品

1 たっぷり味わえる刺身盛り合せ（2人前）2200円〜 **2** 店舗は市場アーケード内に。那覇市旭橋駅近くに支店あり

[那覇]
泡盛と海産物の店
ぱやお
MAP P.28F-1
☎098-885-6446
所那覇市安里379-11（栄町市場内）時17:00〜22:00 休無休 交ゆいレール安里駅から徒歩約3分 Pなし

地元民が集う市場内の老舗

ディープな栄町市場で愛される創業40余年の老舗。家庭料理から琉球料理まで多彩にそろい、店長自ら市場で厳選した、新鮮な近海魚が自慢。首里の酒蔵で40年以上熟成させた、本格古酒も味わえる。

うちなー料理
首里いろは庭
MAP P.26E-3 [那覇]
☎098-885-3666
所那覇市首里金城町3-34-5 時11:30〜15:00、18:00〜21:00 休水曜 交ゆいレール首里駅から徒歩約19分 Pあり

1 風情ある佇まいのこぢんまりとした一軒家 **2** 静かな離れの座敷席では、小庭を眺めながらゆったりと過ごせる

長寿の島の伝統料理を食す

首里城のお膝元に佇む名店。離れ風の座敷席は、手入れの行き届いた小庭に面する。沖縄食材ならではの、滋味深い味わいが生きた「ぬちぐすい（命の薬）」と称される琉球料理を心ゆくまで楽しみたい。

琉球料理とは

琉球時代、祝い事や迎賓の際に供された華やかな宮廷料理。当時交易のあった、中国や東南アジア諸国、薩摩などの食文化に影響を受けている。

グルメ【沖縄料理】

85

絶景カフェ

海

沖縄といえば海。県内には美しい景色を見ながら、食事ができるカフェが多く存在する。それぞれの店で沖縄特有の食材を取り扱っているのもポイント。

ビーチまで0秒のネパール料理店

海とビーチを見ながら、カレーなどのネパール料理を味わえる。昼は青い海と空、夜は月明かりと波音を聞きながらゆったり過ごせる。地元の野菜や、体に優しい食材をふんだんに使用しているのもうれしい。

モモ
1000円
人気のモモ(ネパールの蒸し餃子)はとってもジューシー

マンゴーラッシー500円はカレーとの相性抜群

食堂かりか　南部
MAP P.128E-2　☎098-988-8178
所南城市玉城百名1360 時10:00～20:00(季節により異なる) 休無休(季節により異なる) 交南風原南ICから約12km P あり

島豚カツサンド
990円
フルーティーなソースが香る!肉厚でボリューミーなカツは食べ応えが抜群

潮の動きで景色も変化

南国の雰囲気が漂う木造ロッジの店内に入ると、目の前には180度の海という贅沢な光景が。浅瀬の海は満潮時と干潮時で景色が異なるため、リピーターも多い。

浜辺の茶屋　南部
MAP P.128E-2
☎098-948-2073
所南城市玉城字玉城2-1 時10:00～17:00(金～日曜・祝日は8:00～) 休無休 交南風原南ICから約10km P あり

日替わりモーニングプレート990円

高台の窓辺で海を望める

高台にひっそりと佇むカフェ。こだわりのおしゃれな店内には植物やアートが飾られており、穏やかな時間が流れている。窓辺からは海の水平線を望むことができる。

GOZZA　中部
MAP P.55A-1
☎098-923-3137
所恩納村山田2427 時8:00～17:00 休火・水曜 交石川ICから約7km P あり

窓辺には、自然の緑と水平線、海の青が広がる

森

優しい光が差す
絵本のような空間

閑静な住宅街にある絵本の世界観を詰め込んだかのような、素敵な雰囲気を持つカフェ。こだわりの詰まった空間の大きな窓からは緑あふれる庭が見え、優しい光の中でゆったりとした時間を過ごすことができる。

アンティークの
食器が雰囲気を
引き立たせる

クランブルアップルパイ
750円
しっとりとしたリンゴが香ばしい生地に包まれ、添えられたアイスとの相性は抜群

グルメ
[絶景カフェ]

中部

クルミ舎（しゃ）
MAP P.53C-3 ☎098-935-5400
所北中城村渡口1871-1 時11:00〜15:00 休日・月曜・祝日 交北中城ICから約3km Pあり

レトロな雰囲気が人気

築60年以上の琉球古民家をリノベーション。沖縄の食材を使用したメニューの数々は、女性からの人気が高い。レトロな家具や器など、センスのいい空間も魅力的。

自家焙煎コーヒーでひと息

自家栽培のハーブや、地元でとれた安全な食材を使用した料理を提供。世界各国から集められた高品質な豆を自家焙煎し、1杯ずつ丁寧に抽出しているコーヒーも人気。

fuu cafe（フー　カフェ）
MAP P.103B-2 北部
☎0980-47-4885
所本部町瀬底557 時11:00〜14:00、18:30〜21:00 休水・木曜 交許田ICから24km Pあり

海ぶどうとアグーの丼
仕立て1520円が評判

Cafe ハコニワ
MAP P.103C-2 北部
☎0980-47-6717
所本部町字伊豆味2566 時11:30〜16:30 休水・木曜 交許田ICから約15km Pあり

季節で具材が異なるハ
コニワプレート1100円

街なかカフェ

沖縄は一年を通じて温暖な気候のため、街を散策して汗をかいた後はカフェでひと休みしたいところ。沖縄らしさ満点のカフェでオシャレな時間を。

名物のワケ

ハワイの朝食が味わえるカフェ

「旅先で食べるおいしい朝食」がコンセプトのカフェ。沖縄県産のフルーツを使用するアサイーボウルやスフレパンケーキ、エッグベネディクトなら、ヘルシーな朝食メニューがそろっている。

那覇

これも
オススメ！

フルーツ満載
のアサイーボ
ウル770円

那覇

シー アンド シー ブレックファスト オキナワ
C&C BREAKFAST OKINAWA

MAP P.29C-2 ☎098-927-9295

所那覇市松尾2-9-6 時9:00〜14:00（土・日曜・祝日は8:00〜） 休火曜 交ゆいレール牧志駅から徒歩約10分 Pなし

**フレンチトースト
フルーツスペシャル
1760円**
しっとりしたトーストの上にイチゴやバナナなど、多くのフルーツをトッピング

港川

ハワイ気分を味わう

沖縄にいながらハワイの雰囲気を味わうことができる、広々としたオープンテラスが印象的なカフェ。ふわふわなパンケーキをはじめ、素材にこだわったタコライスやロコモコ丼もおすすめ。

これも
オススメ！

温玉タコライス
1100円

中部

ココロアカフェ
COCOROAR CAFE

MAP P.53A-3 ☎098-988-8251

所浦添市港川2-17-15#15 時11:00〜17:00 休水曜 交西原ICから約6km Pあり

**ハウパンケーキ
キャラメルバニラ
ラージ 1270円**
ダブルは3段のせでボリューム満点

恩納海岸

ナッツナッツパンケーキ
1100円
数種類のナッツをブレンドしたパンケーキ。数量限定で完売必至の目玉メニュー

Good morning!
Good pancakes!

バターミルクが旨さの秘訣

沖縄で屈指の人気を誇るパンケーキ専門店。バターミルクをたっぷり使ったパンケーキはふわふわもちもちの食感で、少し塩気が効いているのも特徴だ。

明るいスタッフが迎えてくれる。ハワイアンな店内のムードも◎

中部

ハワイアン パンケーキ ハウス パニラニ
Hawaiian Pancakes House Paanilani
MAP P.54F-3 ☎098-966-1154

所恩納村瀬良垣698 時7:00〜16:30（朝7時のみ予約可）休無休 交屋嘉ICから約8.5km Pあり

港川

女性に人気のタルト専門店

季節のフルーツをたっぷり使った手作りのフルーツタルトが評判のカフェ。おみやげにはシークワーサーを使ったヒラミーレモンケーキが人気。そのほかに焼き菓子なども取り扱っている。

これもオススメ！

さわやかな香りのヒラミーレモンケーキは1個270円

中部

オハコルテ
[oHacorté] 港川本店 ▶P.154
MAP P.53A-3 ☎098-875-2129

所浦添市港川2-17-1 #18 時11:30〜19:00 休火曜 交西原ICから約6km Pあり

季節のいろいろ フルーツのタルト
748円
旬の果物をたっぷりと詰め込み、濃厚なクリームをあしらったフルーツタルト

名物のワケ

地元客が日々通う、沖縄の家庭料理をお手頃価格で味わえる食堂。沖縄独自の食文化を垣間見ることができ、気さくな接客と流れる時間にほっこりする。

地元客でにぎわう愛され食堂

58号付近にある昔ながらの大衆食堂。地元客が足繁く通う理由は、ほとんどのメニューがボリューム満点で650～750円台という魅力の価格設定。沖縄そばから定食系まで、メニューも豊富だ。

お食事処 三笠 松山店 　那覇

MAP P.29A-1 ☎098-868-7469

所那覇市松山1-12-20 時月～水曜9:00～21:00、金～日曜 休木曜 交ゆいレール県庁前駅から徒歩約5分 Pあり

ポークと卵焼き
650円
ご飯とみそ汁がセットの、人気の朝食メニュー。沖縄で愛される家庭料理の定番

海洋食堂

MAP P.27B-3 ☎098-850-2443 　豊見城

所豊見城市名嘉地192-10 時10:00～18:00 休日曜 交豊見城・名嘉地ICから約0.5km Pあり

お弁当にして持ち帰ることもできます!

豆腐ンブサー
750円
ずっしりとした豆腐に厚切りの三枚肉がのったボリューム満点の人気メニュー

絶品島豆腐の老舗食堂

創業40年以上の地元で人気の食堂。創業時は豆腐店だったことから、豆腐は今も毎朝店で手作りしている。ゆし豆腐は午前中に売り切れることも。メニューは全て定食で、ご飯、おから、スープ付き。

沖縄料理から島唄まで楽しめる

70種類を超える、沖縄の家庭の味を提供する食堂。チャンプルー類のほか、自家製のゆし豆腐定食が人気。タイミングによっては、本場沖縄民謡の生ライブが見られることも。

これもオススメ!

ゴーヤーがおいしい夏限定メニュー。ゴーヤーちゃんぷる～750円

自家製ゆし豆腐定食
750円
にがりを使わずに海水のみで作られた、やわらかい自家製ゆし豆腐が絶品

お得なランチ定食が地元客に大人気です!

家庭料理の店 まんじゅまい 　那覇

MAP P.29A-1

☎098-867-2771

所那覇市松山2-7-6 時11:00～14:00、17:00～22:00 休日曜、不定休 交ゆいレール美栄橋駅から徒歩約7分 Pなし

花笠定食
950円
テビチと厚揚げ、野菜を甘いダシで煮込んだ煮付けは沖縄家庭料理の代表格

定食のご飯は
白米・赤飯・玄米
から選べます

グルメ
[食堂]

創業50年以上の老舗

黄色い看板が目印の有名店。定食の汁物は、中味汁(豚モツの汁物)、イナムルチ(具だくさん白味噌汁)、沖縄そば、味噌汁、ソーメン汁の中から選べるサービスのよさも人気の秘訣。

花笠食堂
（はながさ）
MAP P.28D-2　那覇
☎098-866-6085
所那覇市牧志3-2-48 時11:00〜14:00、18:00〜20:00 休木曜 交ゆいレール牧志駅から徒歩約7分 Pなし

海人の暮らしに
根付く名食堂

八重瀬の漁港近くにあり、昼どきにはご近所さんでにぎわう地元の食堂。うっかり通り過ぎてしまいそうな年季の入った外観も味がある。沖縄らしい風景と、港の味を楽しむ、海人のランチを体感しよう。

イカちゃんぷる
750円
野菜と昆布、イカなどを炒めた看板メニュー。ミニ沖縄そばが付く

南国食堂
（なんごく）
MAP P.128D-2　南部
☎098-998-6136
所八重瀬町港川315 時11:00〜14:30 休不定休 交南風原南ICから約9km Pあり

本日のイマイユ
バター焼き定食
1680円〜（時価）
イマイユ(鮮魚)をアオサとたっぷりの特製バターソースで焼き上げたひと品

行列必至のおしゃれ海人食堂

琉球石灰岩を積み上げて造られた、クラシカルでモダンな食堂。糸満漁港に近く、市場で仕入れた新鮮な県産魚を調理して供する。新しい郷土料理を味わおう。

これも
オススメ!

海人が行っていた調理法を現代風にアレンジした土鍋で食べる魚汁定食1480円

糸満漁民食堂
（いとまんぎょみん）
MAP P.129A-2　南部
☎098-992-7277
所糸満市西崎町4-17 時11:30〜14:30、18:00〜21:00 休火曜、最終月曜の夜 交豊見城・名嘉地ICから約6km Pあり

居酒屋

名物のワケ

種類豊富な泡盛と沖縄料理を一度に楽しめるのが居酒屋の魅力。お店によっては三線などの生演奏のサービスもあり、沖縄ならではの雰囲気を味わえる。

豊富な魚料理と泡盛がそろう

料理長が仕入れた様々な種類の魚と、泡盛が人気のローカル感漂う居酒屋。ゴーヤーチャンプルーやミミガー、スクガラス豆腐などメニューも充実。価格がリーズナブルなのもうれしいポイントだ。

海鮮居酒屋

なかむら家

MAP P.29B-2 ☎098-861-8751 **那覇**

所 那覇市久茂地3-15-2 時 17:00〜21:45 休 日曜、祝日 交 ゆいレール県庁前駅から徒歩約5分 P なし

沖縄居酒屋のお供、泡盛

▶ **泡盛とは**
米から造った沖縄産の強い蒸留酒。調味料として使用されることも

▶ **飲み方**
ビギナーは水割り、中級者はロック、上級者はストレートで！

▶ **古酒に挑戦**
3年以上貯蔵したものは古酒（クース）と呼ばれ、香りも甘くなる

刺身盛り合わせ
2310円（3人前）
マグロの赤味やカツオ、沖縄の魚イラブチャーなど、内容は仕入れにより異なる

92

海老の石垣島ラー油炒め
850円
エビの甘みとラー油のピリっとした辛さが相性抜群で、泡盛のおつまみにピッタリ

泡盛
バー

泡盛好きに
オススメ

那覇市の中心部に位置し、多彩な銘柄の泡盛を取りそろえている。店内は落ち着いた雰囲気で女性でも入りやすく、泡盛好きにぴったり。店名のちぶぐゎ〜は古酒を楽しむためのおちょこのこと。

カラカラとちぶぐゎ〜 　那覇

MAP P.29B-2
☎098-861-1194

所那覇市久茂地3-15-15 時18:00〜23:00 休日曜 交ゆいレール県庁前駅から徒歩約5分 Pなし

グルメ
[居酒屋]

赤提灯系

泡盛と琉球料理を楽しむならココ

1955年創業の老舗の居酒屋。泡盛は県内全ての蔵元の銘柄をそろえており、連日観光客でにぎわっている。料理はシンプルな味付けがウリ。国際通りから近く、アクセスがいいのも魅力。

小桜（こざくら）　那覇

MAP P.28D-2 ☎098-866-3695

所那覇市牧志3-12-21 時18:00〜22:30 休火曜 交ゆいレール牧志駅から徒歩約3分 Pなし

塩ナンコツソーキ
990円
ナンコツのトロトロとした食感とあっさりした味が泡盛と見事にマッチする

県内の全銘柄を取り扱っており、泡盛好きにはたまらない

沖縄
民謡

沖縄民謡のライブショー

ライブで盛り上がりながら、沖縄初の4K大型スクリーンで迫力のステージが堪能できる沖縄音楽・金・土曜はショーンドのりんけんバンドのライブを開催

okinawan music（オキナワン ミュージック）
カラハーイ　中部

MAP P.53B-2 ☎098-982-7077

所北谷町美浜8-11 時金曜19:00開場、20時開演、土曜18:00開場、19時開演 休日〜木曜 料チャージ料2200円〜 交沖縄南ICから約6km Pあり（無料・北谷町営大型駐車場）

沖縄特有の音楽を聴きながら楽しめる、贅沢なライブハウス

島魚

名物のワケ

沖縄はミーバイやグルクンなどの白身魚、カジキやイカ、エビなどの漁獲量が多い。青や赤などほかでは見られない珍しい色の魚がいるのも特徴。

鮮度のいい魚と郷土料理を提供

沖縄美ら海水族館の近くに店を構える、知る人ぞ知る食堂。その日に仕入れた新鮮な魚を提供する。

そのほか、ソーキそばや、スクガラス豆腐といった沖縄の郷土料理も充実。家庭的な雰囲気も魅力。

これもオススメ！

グルクンのから揚げ900円（時価）

タマンのマース煮定食
1500円（時価）
タマンはハマフエフキダイのこと。泡盛と塩だけを使うマース煮で

紀乃川（きのかわ）食堂
MAP P.103B-2 [北部]
☎0980-47-5230 
所本部町建堅603 時11:00〜18:30 休日曜 交許田ICから約23km P あり

海鮮食堂「味華（あじけー）」
MAP P.52E-2 [中部]
☎098-977-7783
所うるま市与那城平安座9396-6 時11:30〜売り切れ次第閉店 休月曜 交沖縄北ICから約17km P あり

水揚げされた魚をそのまま使用

港に面した海鮮食堂。目の前の漁港で水揚げされた魚を使っているため、鮮度はピカイチ。旬の魚介類がのったボリューム満点の海鮮丼は店の人気メニュー。売り切れ次第、営業終了なので早めの来店を。

知ってる？ 沖縄の魚

▶グルクン
沖縄の県魚。頭から骨まで食べることができる

▶アカマチ
水深200m以深の深海に生息する、高級魚の一つ

▶イラブチャー
青い身体が特徴。沖縄では酢味噌あえが一般的だ

▶アカジンミーバイ
沖縄の高級魚。ミーバイとは方言でハタ類のこと

▶夜光貝
貝殻が月光に反射し、光って見えることから命名

カニそば
1000円
カニを贅沢に使った逸品。販売は仕入れ状況によるため要確認

94

島野菜

料理には自家菜園でとれた野菜も使われている

名物のワケ

沖縄県は長寿県として知られるが、それを支えているのが島野菜だ。本土の野菜に比べて香りや味や色が濃く、栄養分がたくさん含まれているとされる。

自家栽培の食材で作る家庭の味

1990年に長寿の村として有名な大宜味村にオープンしたお食事処。メニューにもある「まかちぃくみそうれ」はおまかせという意味で、季節ごとの島野菜を使った栄養たっぷりの料理を味わうことができる。

まかちぃ くみそうれランチ
2100円（変動あり）
使う分だけ収穫した季節の食材を使い、手の込んだ家庭料理に

グルメ [島魚／島野菜]

笑味の店（えみのみせ）
MAP P.105B-3　北部
☎0980-44-3220
所大宜味村大兼久61 時9:00〜15:30
（食事は11:30〜完全予約制）休火〜
木曜 交許田ICから約30km Pあり

Café がらまんじゃく（カフェ）
MAP P.54D-3　中部
☎098-968-8846
所金武町金武10507-4 時
12:00〜15:00（予約制）休火
〜木曜 交金武ICから約6km
Pあり

がらまん定食
2500円〜3000円
沖縄原種野菜や沖縄野草の長命草など、沖縄長寿の食材を惜しみなく

医食同源に基づいた沖縄長寿の食材を使用

「命は食べたものからできている」をモットーに、沖縄オリジナルの食材で料理を提供。店の敷地で育てた野菜などを使用している人気の定食は、栄養豊富なだけでなく、彩りもよく見た目も楽しめる。

知ってる？沖縄の野菜

▶**ゴーヤー**
苦みがクセになる苦瓜。天ぷらやサラダなどで

▶**ナーベラー**
夏の野菜。味噌煮のナーベラーンブシーが有名

▶**シブイ**
冬瓜のこと。沖縄では重宝されている野菜の一つ

▶**ハンダマ**
不老長寿の薬と言われ、鉄分を含み貧血に効果的

▶**フーチバー**
ヨモギ。苦みが少なく、魚や肉の臭い消しにも

名物のワケ

天然酵母や小麦粉など、素材にこだわるパンの店が人気上昇中の沖縄。味やコンセプト、空間にオリジナリティがあり、ベーカリー巡りを楽しむ観光客も。

1 外国人住宅を改築したかわいらしい店舗 **2** パンは店の裏手にある石窯で毎日焼き上げられる **3** 全国からお客が集まるパン **4** テイクアウトして外のテーブルで食べることもできる

自家製窯で焼く手塩にかけたパン

沖縄天然酵母パンの先駆けで、全国にファンを持つ。生地は自家製天然酵母独特の香りと旨みが特徴的。「読谷」の名が付くパンは、無農薬農家とともに育て上げた小麦を使用している。

これがおすすめ！

アーサフォカッチャ 305円	黒糖あんぱん 200円	ネコのしっぽパン 110円	バナナ・コクルレ 1560円
サクサクの生地を噛むと、アオサが香るフォカッチャ	つぶあんが優しい甘さの黒糖の生地に包まれている	かわいらしい形とネーミングで、子どもにも人気のパン	黒糖を練り込んだ生地に、バナナとレーズンがたっぷり

宗像堂 (むなかたどう) 中部

MAP P.53A-3
☎098-898-1529
所 宜野湾市嘉数1-20-2
時 10:00〜17:00 休 不定休 交 西原ICから約2km P あり

焼きたてのパンの
ほかにジャムなど
も販売

木々に抱かれた優しいパンの店

風通しのよい縁側にゆったりした空間が魅力の森の中の店。無農薬玄米や紅イモ、黒糖、石臼で挽いた小麦と自家製天然酵母など、沖縄素材と水、塩のみで作るパンが人気。イートインスペースではスープや喫茶なども。

これがおすすめ！

全粒粉の
大きなパン
650円
全粒粉のほのかな甘みを感じるシンプルな食事パン

いちじくのライ麦パン
280円
定番のライ麦パンにイチジクの食感と風味をプラス

黒糖チーズパン
290円
黒糖が練り込まれた生地に、チーズがアクセント！

パン屋水円（すいえん）
MAP P.52D-1　[中部]
☎098-958-3239
所読谷村座喜味367 時10:30～17:00 休月～水曜 交石川ICから約15km Pあり

地元の人からも人気がありお昼には売り切れることも

丘の上に立つ一軒家ベーカリー

パンはもちろんのこと、カフェメニューも充実している緑豊かなベーカリー。レーズン酵母を使った風味豊かなパンを味わうことができ、ランチメニューは色鮮やかな県産の食材を中心に作られている。満席になることも多いためご注意を。

これがおすすめ！

アボカドの
オープンサンド
1200円
トーストの上に酸味の効いたアボカドがたっぷり

県産アグーソーセージ
のホットドッグ
1200円
ジューシーなソーセージとパンの相性が抜群！

PLOUGHMAN'S LUNCH BAKERY
（プラウマンズ ランチ ベーカリー）
MAP P.53B-3　[中部]
☎098-979-9097
所北中城村安谷屋972-2 #927-2 時9:00～15:00 休日曜 交北中城ICから約2km Pあり

ローカルフード

タコス&タコライス

名物のワケ

タコライスやゴーヤーチャンプルー、ミミガーやにんじんしりしりなど、沖縄には独特の料理が数多く、それが口コミで広がり、全国区の知名度に。

タコライス発祥の"キングタコス"

タコライス発祥の店。人気のタコスほか、タコス、タコライスを挟んだタコバーガー、フライライス(炒飯)などメニューも充実。週末には長蛇の行列ができることもある。

タコライスチーズ野菜
800円
ピリッとしたソースの辛みをチーズでまろやかに。シャキシャキのレタスも◎

キングタコス 金武本店（きん）

MAP P.54D-3 ｜中部｜
☎090-1947-1684 ▶P.73
所金武町金武4244-4 時10:30〜21:00 休無休 交金武ICから約3km Pあり

GORDIES（ゴーディーズ）

MAP P.53A-2 ｜中部｜
☎098-926-0234
所北谷町砂辺100-530 時11:00〜19:30 休不定休 交沖縄南ICから約6km Pあり

USの雰囲気漂う店

店内にはアンティーク風の家具が並び、まるでアメリカのハンバーガー店をそのまま持ってきたような雰囲気。粗挽きのパテは肉汁たっぷりで食欲をそそられる。

スペシャルバーガー
2130円
自家製のバンズにパテを2枚サンド。ドリンクとポテト付き

ハンバーガー

ステーキハウス88 辻本店（はちはち）

MAP P.27B-2 ｜那覇｜
☎098-862-3553
所那覇市辻2-8-21 時11:00〜翌3:45 休無休 交ゆいレール旭橋駅から徒歩約15分 Pあり

ステーキ

40年超営業のステーキ専門店

1978年にオープンし現在県内に7店舗以上構えるステーキチェーン。ステーキだけでも20種類以上のメニューがあり、地元民から長く愛され続けている。

88特選赤身ステーキ(200g)
2915円
"赤身のお姫様"と呼ばれる厳選された赤身ステーキは柔らかくジューシーで旨みがあふれる

98

冷やしもん＆フルーツ

名物のワケ

「冷やしもん」とは沖縄特有の冷たいスイーツの呼び名。沖縄ぜんざい、かき氷やアイスなど冷たいものは全て冷やしもんにカテゴライズされる。

ぜんざい

ベーシックな沖縄ぜんざい

1948年創業。メニューは氷ぜんざい1種類のみという沖縄ぜんざいの専門店。金時豆が氷の上ではなく、氷の下にあるのが沖縄ぜんざいの定番スタイル。

グルメ [ローカル／冷やしもん]

氷ぜんざい
350円
金時豆はクセが少なく、甘さは控えめで、後味はさっぱり。夏にオススメの商品

そのほかのぜんざい
鶴亀堂ぜんざい P.73

おやつの時間には、毎日多くの観光客が訪れる

新垣ぜんざい屋 [北部]
MAP P.103C-2 ☎0980-47-4731
所本部町渡久地11-2
時12:00〜18:00(売り切れ次第閉店)休月曜(祝日の場合は翌日休)交許田ICから約23km Pあり

琉冰 おんなの駅店 [中部]
MAP P.55B-1
☎090-5932-4166
所恩納村仲泊1656-9(おんなの駅内)時10:00〜19:00(11〜2月は〜18:00)休無休交石川ICから約4km Pあり

果物たっぷりの人気のかき氷

トロピカルフルーツを、氷の上に山盛りにトッピングしたかき氷が女性に大人気。濃厚な味わいのマンゴーソースや、季節の果物をふんだんに使用している。

アイスマウンテン(かき氷)
トロピカルフルーツ
1480円
マンゴーやパッションフルーツ、パイナップルなどがのった360度楽しめるひと品

フルーツ

ブルーシール 北谷店 [中部]
MAP P.53B-3
☎098-936-9659
所北谷町美浜1-5-8 時11:00〜22:00 休無休 交北中城ICから約5km Pあり

▶P.73

今も愛される歴史あるアイス店

今年で創業75周年を迎える、沖縄のアイスブランド。アメリカで生まれた門外不出のレシピをベースに沖縄の風土に合わせてつくられたアイスは、コクがあるのに後味さっぱり。

アイス

BLUE SEAL
OKINAWAN ICE CREAM

アイスクリーム
ダブル(レギュラー)
640円
定番から限定まで多数のアイスフレーバーをラインナップ

さまざまな歴史の中で育まれた、沖縄特有の食文化。地元の代表的な料理をご紹介。

ナーベーランブシー

開花2週間くらいの食用のナーベーラー（ヘチマ）を味噌炒めにしたもの。水分が多く、ナスのような食感で、味噌汁の具としても使われる。

ゴーヤちゃんぷるー

ゴーヤーを豆腐やポーク、卵で炒めた定番料理。"チャンプルー"は、方言でごちゃまぜを意味し、沖縄には多くのチャンプルー料理がある。

てびち

豚足をカツオダシと醤油、砂糖で長時間かけてやわらかく煮込んだもの。パリパリに焼いた「焼きてびち」や野菜と煮込んだ「てびち汁」なども。

スクガラス豆腐

島豆腐の上に、アイゴの稚魚を丸ごと塩漬けにしたスクガラスをのせた、泡盛と相性抜群のおつまみ。醤油などはかけず、そのままいただく。

ポーク玉子

ランチョンミートと卵焼きのシンプルな料理。ご飯やパンとの相性がよく、ポーク玉子おにぎりの専門店では連日行列ができるほどの人気。

ミミガー

ゆでた豚の耳皮を薄切りにしたもの。キュウリを加えたピーナッツ和えが人気だが、塩こしょうで炒めたり、七味で味付けして食べることも。

じーまーみ豆腐

ピーナッツとくず粉で作られたモチモチの豆腐。お酒のあてに酢みそや醤油で、デザートとして黒蜜や醤油と砂糖の甘辛ダレでいただく。

ラフテー

豚の三枚肉を醤油や泡盛とともに長時間煮込む。タレが中までしっかりと染み込み、とろけるようなやわらかさ。沖縄そばなどにも添えられる。

豆腐よう

島豆腐を泡盛や麹菌で漬け込んで発酵・熟成させた珍味。チーズのような口当たりのクセのある味わいで、酒のつまみとして少しずつ食べる。

ゆし豆腐

固める前のふわふわしたおぼろ状の豆腐。そのまま塩や醤油、味噌やコーレーグースをかけて食べたり、沖縄そばや味噌汁の具にすることも。

北部

本部・やんばる

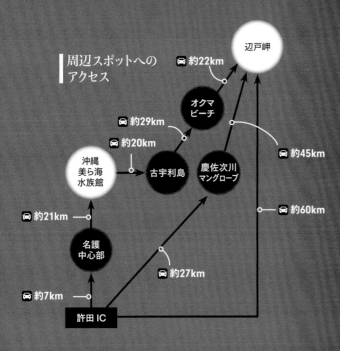

周辺スポットへの
アクセス

辺戸岬

🚗 約22km

オクマ
ビーチ

🚗 約29km

🚗 約20km

🚗 約45km

沖縄
美ら海
水族館

古宇利島

慶佐次川
マングローブ

🚗 約21km

🚗 約60km

名護
中心部

🚗 約7km

🚗 約27km

許田 IC

伊平屋島·伊是名島

東シナ海

1

伊平屋村フェリー·伊是名村フェリー

辺戸岬 ◀

比地橋
くいなエコ·スポレク公園 •
半地
58

田嘉里川

トケイ浜
ティーヌ浜

大宜味村立芭蕉布会館 • 喜如嘉集落
謝名城

古宇利島 P.117

大宜味村役場 ○ 笑味の店

古宇利 ── 古宇利オーシャンタワー
古宇利漁港 **左下図**

根路銘
がじまんろー •
鏡波
ネクマチヂ岳
大宜味

喜如嘉

大宜味

•総合運動公園
ベル·パライソ
ウッパマビーチ
渡喜仁
247
今帰仁村役場 • KYATSUMA OKINAWA
運天
今帰仁の駅 そ〜れ
付録MAP③
Ohana SUP
OKINAWA
古宇利大橋
美らテラス
運天港ターミナル
110 • CALIN カフェ + ザッカ
済井出

塩屋橋
宮城島
宮城橋

塩屋富士

塩屋湾

田港
押川

2

大保川

屋我地島 **125**
我部
饒平名
屋我

付録MAP③ **道の駅 おおぎみ**
やんばるの森ビジターセンター
田村薬 **9**
白浜

• 大保ダム

天底
ワルミ
大橋

•前田食堂
• 大宜味シークヮーサーパーク
ター滝トレッキング

東村立 山と水の
生活博物館
• 大宜味農園

東村

湧川
山
505
ヤガンナ島

屋我地ビーチ
NANMA MUI NATURE RESORT
(休業中)
屋我地大橋
奥武島
110 稲領
58
真喜屋

ファインフルーツ
おおぎみ·マンゴー園
山原牧場

津波

東村役場 ○
70
川田

羽地内海

呉我 •
仲尾次漁港
仲尾

津波山

道の駅 サンライズひがし

大井

かしむかし
古我知 **71**
フルーツらんど
伊差川

仲尾次北

源河川
源河

慶佐次
慶佐次川

平良湾

ナゴパイナップルパーク
P.122,154 為又
パークオキナワ •
伊差川西
羽地ダム
白銀橋東
しまドーナッツ
親川

川上
仲尾次

字橋山
14
味処 森のふくろう •

有銘

MATAYOSHI
COFFEE FARM
東村ふれあい
ヒルギ公園
慶佐次大橋
ウッパマビーチ

名護
•名護博物館
84 大西 **71** 名護
◎名護市役所
名護城跡•
またきな大橋

多野岳
真喜屋

有津川

P.119 慶佐次川のマングローブ
P.119 やんばる.クラブ

名護署
世冨慶
世冨慶
18

名護岳

大川
一ツ岳

三原

天仁屋

3

数久田
329

わんさか大浦パーク •
二見

大宜味

瀬嵩

331

天仁屋崎

バン崎

道の駅 許田 付録MAP③

カヌチャビーチ
カヌチャベイホテル&ヴィラズ
安部
カヌチャゴルフコース

嘉陽ビーチ

1

🐼 **辺戸岬** P.122

辺戸

沖縄石の文化博物館
●宇佐浜遺跡

🐼 **ヤンバルクイナ展望台** P.122

世皮崎

🐼 **大石林山** P.120

▲辺戸御嶽

宜名真トンネル

打バンタ 🐼
P.120
宜名真漁港

奥

奥港

🏠 民宿 海山木

茻 宜名真神社
宜名真

58

🏠 奥ヤンバルの里

ウテンダトンネル

●宜名真ダム

奥

川

尾西岳

▲

70

赤崎

宇嘉

西銘岳
▲

楚洲

伊江川

2

辺野喜

辺野喜ダム▲●

伊集の湖

70

国頭

我地

我地川

太平洋

那川

▲照首山

伊部岳
▲

安田

フエンヂヂ岳
▲

タカシジ山
▲

🏠 アダ・ガーデンホテル沖縄

フンガー湖

2

安田ヶ島

●やんばるエコツーリズム研究所

安田漁港

普久川ダム●

ヤンバルクイナ
生態展示学習施設「クイナの森」

イシキナ崎

3

大

川

普

久

川

クイナ湖

安波

●東洋果樹園

カツセノ崎

安波

●安波ビーチ

国頭村環境教育センター
やんばる学びの森●

70

●安波のサキシマスオウノキ

●安波ダム

🚗道の駅 やんばる パイナップルの丘 安波

新川湖

宇嘉川

▶東村市街

慶良間諸島

N
広域図 ▷ P.4
0　　1.5　　3km

P.161 ケラマカヤックセンター

那覇 ◁

黒島

座間味島 P.160

儀志布島

座間味村役場

ウナジノサチ展望台
P.161

高月山展望台

P.161 阿真ビーチ

古座間味ビーチ P.160

ホエールウォッチング P.161

ざまみむん市場 P.161

島産品の店
島むん P.159

座間味村

屋嘉比島

安室島

渡嘉敷村役場

那覇 ▷

P.162 阿嘉島

北浜ビーチ P.162

渡嘉敷村フェリー

P.163 マリンハウス
シーサー 阿嘉島店

さんごゆんたく館

渡嘉敷村

P.163 天城展望台

渡嘉志久ビーチ P.158

慶留間島

渡嘉敷島 P.158

P.163 阿嘉大橋

久場島

沖縄県重要文化財
高良家 P.163

慶良間空港

外地島

シーフレンド P.159

阿波連ビーチ P.159

レストラン『abisso』P.159

P.159 阿波連園地

1

東シナ海

2

国頭村方面国園

新与那トンネル

伊地

佐

謝敷

与

海遊び きじむなぁ

辺土名北

赤丸岬

国頭村役場

辺土名

ヤンバルホステル

レストランくいな

P.154,付録MAP③ 道の駅 ゆいゆい国頭

国頭村森林公園オートキャンプ場

オクマ プライベートビーチ & リゾート

P.122 **オクマビーチ**

奥間

環境省やんばる野生生物保護センター
ウフギー自然館

鏡地シナマー公園

くいなエコ・スポレク公園

比地橋

奥間

奥間川

P.120 国頭港食堂

半地

比地川

3

58

P.122 喜如嘉集落

与那覇岳

P.121 大宜味村立芭蕉布会館

P.121 **比地大滝**

与那覇岳天然保護区域

P.95 笑味の店

長尾橋(大国林道)

大宜味村役場

浜

大宜味

謝名城

田嘉里

伊湯岳

根路銘

赤又山

高江

自然と生命の神秘に触れる

豊かな自然に囲まれ、ヤンバルクイナをはじめとする貴重な固有種が生息するやんばるの森、そして、沖縄が世界に誇る観光スポット、沖縄美ら海水族館のある本部地域からなる北部エリア。

本部半島には、橋や高速船で気軽に渡れる個性的な島々があり、透明度抜群の海では、さまざまなビーチアクティビティを体験できる。水族館と手付かずの天然ビーチで、美ら海の魅力をたっぷり体感したら、奥やんばるの自然が生み出す雄大な絶景スポットを訪ねよう。

ヤンバルクイナに
出合えるミラクルも!?

自然と遊べるエリアだから
【こんな楽しみ方もあります】

車で渡れる古宇利島へ

抜群のロケーションで、CMやドラマのロケ地に起用された島。沖縄の原風景が色濃く残り、絶景スポットも多数。

▶P.117

アクティビティを体験

マングローブのカヤックツアーやリバートレッキング、やんばるの森を4輪バギーで走るなど、マリンスポーツ以外のアクティビティが充実するのは北部ならでは。

▶P.119

とれたて島野菜

島野菜を使った伝統的な食文化を受け継ぐ大宜味村では、古民家レストランやカフェで"長寿ランチ"をいただける。

▶P.95

水族館周辺で1日楽しむ

水族館から車で30分以内の距離に、世界遺産や食のテーマパーク、離島に天然ビーチ、緑豊かな森など、観光名所が多数点在する。1日かけてたっぷり遊び倒そう。

▶P.110

レンタカーが最も便利
【交通案内】

レンタカー
ホテルまではバスで移動し、現地でレンタカーを使用したい場合、レンタカーのホテル配車サービスが便利。

高速バス
那覇空港から名護までの高速バスを使うと、約1時間45分で移動が可能だ。水族館に直行できるバスもある。

路線バス
名護バスターミナルから複数の路線が運行。奥やんばるへは辺土名経由で、村営バスで行くことが可能。

広いエリアだから…
【上手に巡るヒント！】

1 ドライブは早朝スタートが吉

森に囲まれたやんばるエリアは、日が落ちると運転しにくいので日没までには市街地に戻るのが安心。見どころも多く、アクティビティを楽しむなら早朝から1日をスタートするのが賢明。

2 見どころ充実の本部半島は1日遊べる

水族館のほか、ロケーション抜群の古宇利島や、備瀬のフクギ並木はぜひとも訪れたい名スポットだ。沖縄そばの名店や沖縄ならではの食のテーマパークなども点在している。

3 名護から最北端までは1時間以上

名護市の許田ICから名護東道路を経由し、国道58号を北上して1時間10分ほどで本島最北端の辺戸岬にたどり着く。東シナ海、太平洋、そして原生林と、ダイナミックに変わる車窓からの風景を楽しみたい。大宜味村、国頭村で見られる、ヤンバルクイナやウミガメ、カニなどの動物飛び出し注意の標識も名物の一つだ。

さらに 裏ワザ

☑ 那覇へ戻るには15時までに出発を
水族館の来館客は車が多いため、16時を過ぎると那覇方面に向かう車で周辺道路が混雑する。

☑ 道の駅での入館券購入で最大-330円
美ら海水族館の入館券は、コンビニや道の駅で購入可能。最安値はおんなの駅なかゆくい市場。

2 奥やんばる
大自然のアドベンチャー

亜熱帯の大自然を舞台にトレッキングやカヌー、アニマルウォッチングなどのアクティビティを体験できる奥やんばる。景勝地巡りや秘境に佇む森カフェで、癒やしのひと時を過ごそう。

BEST 絶景

絶景ナビ
辺戸岬 ▶P.122
大石林山 ▶P.120
茅打バンタ ▶P.120

1 美ら海水族館
沖縄の海を丸ごと体感！

世界最大級の水族館だけあり、メインの大水槽以外にも見どころが満載。水族館を擁する海洋博公園には、熱帯・亜熱帯植物を観賞できる熱帯ドリームセンターや郷土村など、沖縄の魅力を体験できる施設が点在。

BEST 絶景

絶景ナビ
沖縄美ら海水族館 ▶P.110
備瀬のフクギ並木 ▶P.114

！ ご注意を

動物の飛び出し
珍しい生き物が多く生息する北部では近年、動物との衝突事故が発生している。動物が出没しやすい交通量の少ない夜の道路では特に注意。

奥やんばるは日没まで
各施設やカフェの閉店時間、ツアー終了時間はだいたい日没頃まで。特に奥やんばるは街灯も少ないため、慣れない車での山道の運転は控え、明るいうちに市街地に戻ろう。

駐車場での事故に注意
沖縄のレンタカー事故の約80%が駐車する際の不注意により、発生していると言われる。人気観光施設や狭い駐車場で起こりやすい。

北部
[エリア概要]

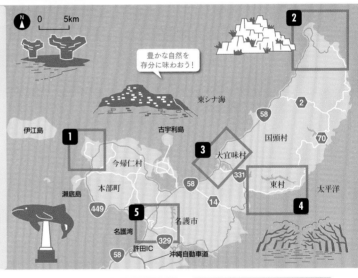

N 0 5km

豊かな自然を存分に味わおう！

2
東シナ海
58
2
国頭村
70
伊江島
1
古宇利島
3 大宜味村
58
今帰仁村
331
瀬底島
本部町
東村
太平洋
449
14
4
5
名護市
名護湾
329
許田IC
58
沖縄自動車道

5 名護中心部
やんばるエリアの玄関口

高速道路の終点、許田ICや那覇からの高速バスの終点、名護バスターミナルのある名護中心部。沖縄そばの名店のほか、やんばる島豚が味わえる店や有名なパン・スイーツの店など知る人ぞ知る穴場グルメの宝庫だ。

4 東海岸
亜熱帯の緑に癒やされる

本島最大規模のマングローブ林や森の中のダム、天然記念物に指定されている巨木など、ジャングルに覆われたネイチャースポット。レストランや食堂が少ないため、途中でお弁当や飲み物などを購入しておくといいだろう。

BEST 絶景

絶景ナビ 慶佐次川のマングローブ
▶P.119

3 大宜味
自然豊かな長寿の村

豊かな自然環境で、「長寿の里」「芭蕉布の里」「シークヮーサーの里」「ぶながや（森の精）の里」などの呼び名で知られる。長寿の源である、島野菜などの地元食材をたっぷり使用した大宜味グルメを堪能しよう。

絶景ナビ 喜如嘉集落 ▶P.122

マストな水族館から秘境の絶景地まで
やんばるの自然スポットを満喫

絶景ナビ　沖縄美ら海水族館〜今帰仁城跡〜茅打バンタ

半日コース 🚗車で

沖縄美ら海水族館を筆頭に、今帰仁村城跡や古宇利島など、自然スポットから歴史遺産まで、見どころ多数のエリアを効率よく！

START
名護市内のホテル
🚗車で約45分

10:00 世界遺産の名城を散策
今帰仁城跡
なきじんじょうあと
絶景ナビ

首里に次ぐ規模を誇る名城。幾重にも連なり波打つような曲線を描く城壁は、万里の長城にたとえられるほどの美しさ。約50分で巡る無料ガイドが常駐している。

▶P.118

🚗車で約15分

ワルミ大橋を渡り、屋我地島を経由して古宇利大橋へ。ワルミ大橋のたもとに建つ「橋の駅 リカリカワルミ」は、古宇利島を見渡せる隠れた絶景スポットだ。

🚗車で約10分

8:00 癒やしの散歩道をぐるり
備瀬のフクギ並木
びせ
絶景ナビ

フクギの木が茂るパワースポットとして知られる。水牛車に乗り、並木道を20分かけてのんびり回ることができる。朝の爽やかな空気が心地よい癒やしスポット。

▶P.114

🚗車で約10分

水族館を含む海洋博公園内には全9カ所の駐車場がある。水族館の最寄りはP7北駐車場で、歩いて5分ほど。人混みを避けるにはオープン直後の時間が狙い目。

👣徒歩すぐ

11:00 絶景ビーチをたっぷり堪能
古宇利島
こうりじま
絶景ナビ

古宇利大橋のたもとにある古宇利ビーチやティーヌ浜はじめ、多数の穴場ビーチが。島内には至る所に絶景ビーチがある。

▶P.117

CMに登場し有名になったティーヌ浜のハートロック

🚗車で約40分

8:30 世界レベルの大人気水族館
沖縄美ら海水族館
ちゅ
絶景ナビ

国内外から観光客が訪れる、世界最大級の水族館。特に魚類最大のジンベエザメは必見。朝と夕方以降はツアー客が少ない。

限定みやげをゲット

▶P.110

オリジナルグッズをおみやげに

🚗車で約15分

① ドライブナビ

亜熱帯の森に囲まれ、「やんばる（山原）」と呼ばれる自然の多い北部エリア。主な観光スポットや飲食店は日没に合わせてクローズするところが多いので、早朝から1日をスタートしたい。

フクギの森に囲まれた集落で爽やかな朝の散策を楽しんだあと、沖縄屈指の人気を誇る沖縄美ら海水族館へ。日中は混雑必至なので、人の少ない開館直後を狙おう。午後からは本島最北端を目指して国道58号を北上する。道中、古宇利島などの絶景スポットやヘルシーな島野菜ランチを満喫できる。時間に余裕があれば、マングローブカヤックや星空ツアーなど、自然を体感できるアクティビティを体験するのもおすすめ。

いよいよ本島最北端エリアへ。琉球最古の聖地で、安須杜（アシムイ）と呼ばれる40以上の拝所がある「大石林山」があり、さらに北へ進むと絶景スポットが待っている。

絶景ナビ

〈沖縄屈指のパワスポ〉

▶P.120

🚗 車で約5分

15:00 本島一とも言われる展望所へ
茅打（かやうち）バンタ

絶景ナビ

高さ約80mもの断崖絶壁へ。眼下に広がる海にはサンゴがきらめき、引き込まれそうな深いブルーが印象的。地名の"バンタ"は沖縄の方言で崖を表す。

▶P.120

GOAL

OPTION

マングローブカヤックを体験

本島最大規模のマングローブが生育する慶佐次川エリアで、カヤックにチャレンジ。満潮時限定のため事前に時間確認を。

▶P.119

星空ツアーに参加

やんばるでは、星空観察ツアーや森のナイトツアーを豊富に開催。星空をバックに記念撮影ができるフォトプランなども。

▶P.121

13:00 滋味深い島野菜を味わう
笑味（えみ）の店

大宜味村の野草や薬草、店の近くの畑で自家栽培する島野菜を使用したヘルシーな沖縄料理を味わえる。

▶P.95

まかちぃくみそーれ ランチが人気メニュー

🚗 車で約10分

国道58号より芭蕉布の里として知られる「喜如嘉集落」へ。糸芭蕉の畑に囲まれた昔ながらの古民家が並ぶ集落は、道幅の狭い所も多いため運転はゆっくりと。

絶景ナビ

▶P.122

🚗 車で約10分

14:00 新鮮野菜をお得にゲット
道の駅 ゆいゆい国頭（くにがみ）

最北端の道の駅。レストランのほか農家直売所もあり、やんばる産の野菜など特産品が低価格で買える。

▶P.154

おみやげにクニガミドーナツ1個216円

🚗 車で約30分

海の世界を堪能できる
国内有数の水族館

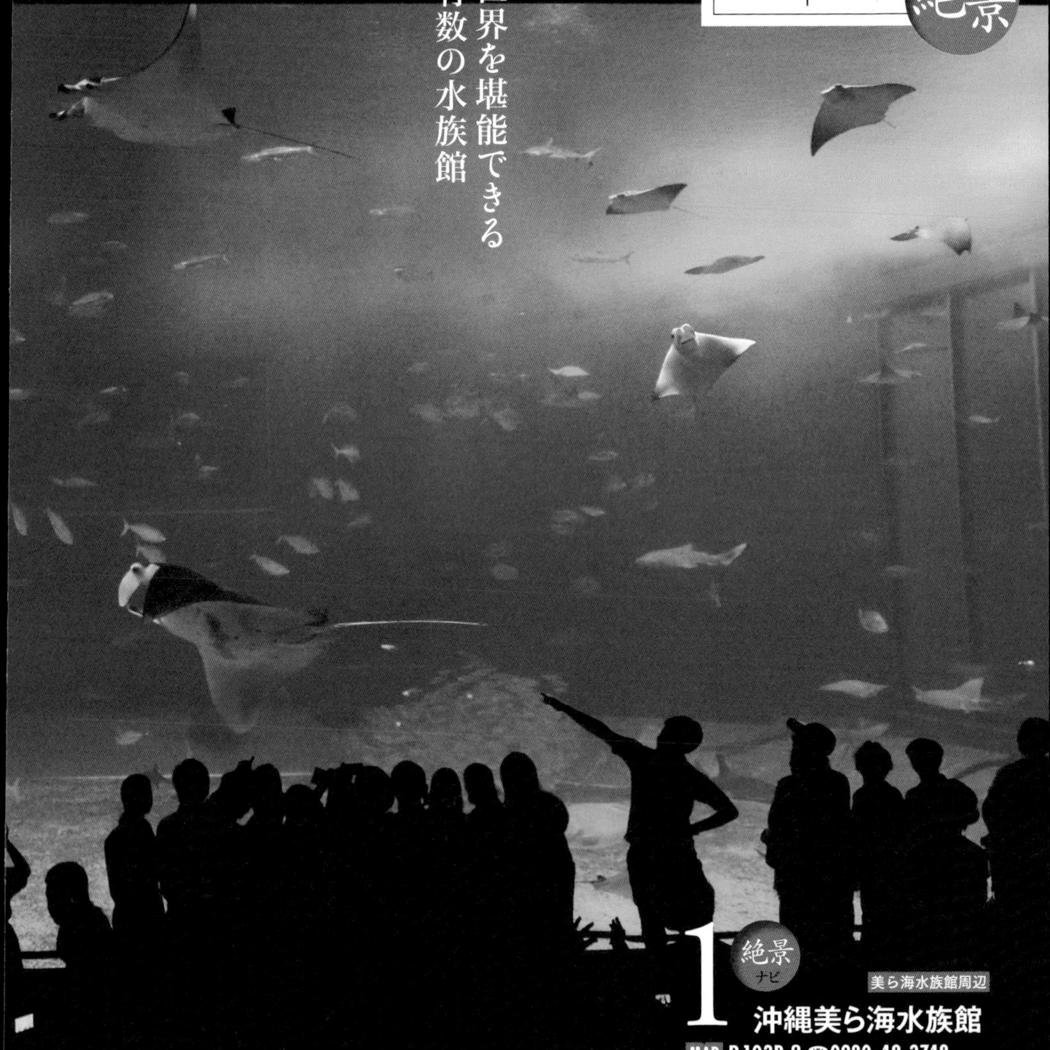

1 絶景ナビ

美ら海水族館周辺

沖縄美ら海水族館

MAP P.103B-2 ☎0980-48-3748

約740種類、１万点の生き物を展示している県内屈指の観光スポット。大水槽を優雅に泳ぐジンベエザメやナンヨウマンタが人気。ちなみに、美ら海とは沖縄の方言で「清らしい海」の意味。

所本部町石川424国営沖縄記念公園（海洋博公園）内 時8:30～18:30（入館締切17:30）※繁忙期は公式HP要確認 休公式HP確認 料2180円 交許田ICから約27㎞ Pあり

水族館のハイライトを巡る

総展示槽数は75槽。「黒潮の海」のほか「サンゴの海」や「熱帯魚の海」など海の魅力が存分に詰まっている。

⑤ アクアルーム
黒潮の海を下から覗くことができる半ドーム状空間

⑥ 深層の海
水深約200mの海の中を再現。ノコギリザメなど珍しい生き物も

③ 熱帯魚の海
約150種類もの色鮮やかな熱帯魚を展示

④ 黒潮の海
全長約8.8mものジンベエザメが泳ぐ巨大水槽。カフェも隣接する

❶ イノーの生き物たち
ヒトデやナマコなど浅瀬に棲む生き物を観察できる

❷ サンゴの海
約80種類、470群体のサンゴの展示は圧巻！熱帯魚も泳ぐ

カラフルな
熱帯魚たちが
来館者を魅了

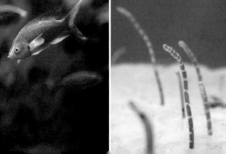

1 浅瀬の岩場や砂地から、薄暗い洞窟までを1つの水槽で再現する「熱帯魚の海」 **2** ジンベエザメが泳ぐ「黒潮の海」を眺めながら休憩できるカフェ「オーシャンブルー」 **3** 水族館外にある「オキちゃん劇場」のショーは見逃せない **4** 砂の中で生活するニシキアナゴは隠れた人気者 **5** 鮮やかなピンク色のハナゴイ

沖縄の魅力がさらに詰まった公園！無料スポットもアリ

エメラルドグリーンの海を望む 「海洋博公園」で一日楽しむ！

沖縄美ら海水族館を有する国営公園。オキちゃん劇場やウミガメ館など、無料で見学できる施設が点在する。

マナティー館

ゆるキャラ的なかわいさ

人魚のモデルになったと言われるマナティー。その愛くるしい姿を、地階の水中観察室から観察できる

オキちゃん劇場

迫力のイルカショー

海を背にした屋外プールでイルカショーを毎日開催している。観客席には屋根が付いているため、雨が降っても楽しめる

ウミガメ館

スイスイ泳ぐ姿を観察

ウミガメを展示する施設。水上からは水面に顔を出す姿、地階の観察室では水中の様子を見られる

●イルカショー

オキゴンドウやミナミバンドウイルカなど、身体能力の高いイルカたちの迫力のショーが見られる

`10:30` `11:30` `13:00` `15:00` `17:00`

※最新情報はHPで要事前確認

イルカラグーン

イルカを間近で観察

1日5回、イルカのエサやり体験できるプールとして人気（500円。先着順、定員あり）

地図内ラベル：
備瀬ゲート／至 今帰仁／エメラルドビーチ／エメラルドゲート／P9 エメラルドゲート駐車場（立体）／総合休憩所（美ら海プラザ）／マナティー館／ウミガメ館／沖縄美ら海水族館／イルカラグーン／北ゲート／オキちゃんショップ／P6 北ゲート前駐車場／オキちゃん劇場／P7 北ゲート駐車場（立体）／総合案内所（ハイサイプラザ）／P5 中央ゲート北駐車場／中央ゲート／おきなわ郷土村／P3 中央ゲート南駐車場／海洋文化館／P4 東駐車場（バス専用）／P2 ポンプ場横駐車場／熱帯ドリームセンター／P8 ドリームセンター前駐車場／夕陽の広場／114

熱帯ドリームセンター

温室に2000株以上のランや、熱帯・亜熱帯の花々を展示。高さ36mの遠見台からの景色は絶景。有料。

おきなわ郷土村

17～19世紀の沖縄の村落を再現。土・日には三線や踊りなど、当時の住民たちの生活を体験できる。無料施設。

エメラルドビーチ

3つの砂浜がある快適な人工ビーチ。入場料は無料で、遊泳期間（4～10月）外でも散策はできる。

info

水族館＋2時間で楽しむおすすめスポット

海洋博公園の面積は東京ドーム約15個分と広大。水族館周辺エリアのほかにも、ビーチや沖縄文化を体感できる施設が点在。サンセットタイムには水平線に沈む夕日を観賞できる。

2 絶景ナビ
備瀬のフクギ並木

MAP P.103B-1 ☎0980-48-2371
（備瀬区事務所）

美ら海水族館から車で約5分。およそ
2万本のフクギがまるでトンネルのよう
に生い茂るこのエリアは、女性を中心に
人気を集めるスポットだ。徒歩や水牛車
でまったり楽しむのもよし、レンタサイ
クルで並木を万遍なく散策するのもいい。

所本部町備瀬 交許田ICから約31km Pあり

フクギの木々がアーチを作る
緑のトンネルをのんびり歩く

沖縄特有の
のんびり感を
満喫

木々が密集し
時間が静かに流れる
フクギの森で
のんびり過ごす

沖縄の原風景が残っているパワースポット。防風林として住宅を取り囲むように植えられたフクギが、約1kmの並木道を形成している。

水牛車で

のんびり風景を楽しみたい人には水牛車がオススメ。乗っている間は、時間が経つのを忘れる。

フクギ並木水牛車観光
MAP P.103B-1 ☎090-1941-9291
時11:00〜17:30（当面の間土・日曜のみ営業）休不定休（雨天時）料4人まで2000円

茶屋で

フクギの森の中にある、海の家のような茶屋。ぜんざいなど甘味が充実しており、やんばるの食材を使用したメニューでほっと一息。

一福茶屋
MAP P.103B-1 ☎0980-48-2584
所本部町備瀬551 時9:00〜17:00 休不定休 交許田ICから約30km Pあり

古民家宿で

高級ホテルとは違った魅力の、風情と歴史が感じられる民宿。食事は島豚アグーの陶板焼きや海ぶどう、もずく酢などが楽しめる。

古民家の宿 しらばま
MAP P.103B-1 ☎090-3790-7968
（宿泊専用電話）
所本部町備瀬624 IN15:00 OUT11:00 室3室 料1泊朝食付き1万2430円〜 交許田ICから約30km Pあり

3 花人逢

絶景ナビ かじんほう

美ら海水族館周辺

MAP P.103C-2 ☎098-047-5537

小高い丘の上に建つカフェ。ふっくらモッチリとした生地のピザが人気。美味しい食事に舌鼓を打ちながら、伊江島や瀬底島、水納島を一望できる。

所本部町山里1153-2 時11:30〜18:30 休火・水曜 交許田ICから約30km Ｐあり

1 イチオシはロケーション抜群の縁側席
2 チーズたっぷりのピザ(中)2600円はテイクアウトもできる

1 生地から手作りしているピザは熱々でボリューム満点 2 店内は落ち着いた空間で沖縄特有のゆっくりした時が流れている

4 Cafe ichara

絶景ナビ カフェ イチャラ

美ら海水族館周辺

MAP P.103C-2 ☎0980-47-6372

本格石窯焼きピザや手作りケーキなどを、伊豆味の自然を感じながらいただける人気のカフェ。県道84号沿いに立つ白い看板が目印だ。テラス席はペット同伴可。

所本部町伊豆味2416-1 時11:30〜16:15 休火・水曜 交許田ICから約17km Ｐあり

絶景の古宇利大橋を渡って離島へドライブ！

海水浴や天体観測も楽しめる
魅力たっぷりの別名"恋の島"

絶景ナビ 5

美ら海水族館周辺

古宇利島
MAP P.103A-3

エメラルドグリーンの美しい海に囲まれた、ほぼ円形の隆起サンゴ礁の小島。島内には昔ながらの古民家やサトウキビ畑が残っており、沖縄の原風景が散見できる。
所今帰仁村古宇利 交許田ICから約28km

景色だけじゃもったいない
古宇利島の見どころ

レストランや海水浴場をはじめ、娯楽施設が目白押し！
家族からカップルまで丸一日楽しめる王道スポットへ

■ ティーヌ浜
MAP P.103A-3

古宇利島の北側に位置するティーヌ浜には有名なハート型の岩があり、恋人たちを中心に人気を集めている。
所今帰仁村古宇利 料無料 交許田ICから約28km Pあり（有料）

■ 古宇利オーシャンタワー
MAP P.103B-3 ☎0980-56-1616

海抜82mの展望台から古宇利島と海の絶景を拝めるスポット。館内には、貝の博物館やカフェ、レストランも。
所今帰仁村古宇利538 開10:00〜18:00 休無休 料1000円 交許田ICから約25km Pあり

t&c とうらく
MAP P.103A-3 ☎0980-51-5445

沖縄の食材を使用した、創作ランチや沖縄ぜんざい、マンゴーかき氷が売りのカフェ。広大な海を180度一望できることも人気の秘密。

所今帰仁村古宇利1882-10 開10:00〜17:30 休水曜・不定休 交許田ICから約26km Pあり

700年近くの歴史を持つ遺産
桜のスポットとしても有名

6 絶景ナビ

今帰仁城跡 (なきじんじょうあと)

美ら海水族館周辺

MAP P.103C-2 ☎0980-56-4400
（今帰仁村グスク交流センター）

世界遺産にも登録されている遺跡。築城されたのは13世紀頃とされ、城内からは陶磁器が多く出土された。城には日本一早く咲いて散る、緋寒桜（ひかんざくら）が多く植えられている。

所今帰仁村今泊5101 時8:00〜18:00（5〜8月は〜19:00）休無休 料600円（今帰仁城跡・歴史文化センターと共通）交許田ICから約26km Pあり

7 絶景ナビ

伊江島 (いえじま)

伊江島

MAP P.103A-1 ☎0980-49-3519
（伊江島観光協会）

沖縄本島北部に位置する離島。島内には聖地として人々の信仰を集めるニャティヤ洞、断崖絶壁の景勝地湧出（わじぃ）などの観光スポットが多数。島らっきょうやラム酒も有名。
所伊江村 交本部港からフェリー約30分

海と大自然が融合。船で30分と日帰りできる離島として人気が高い

リリーフィールド公園

MAP P.103A-1 ☎0980-49-2906
（伊江村商工観光課）

春には100万輪の純白のテッポウユリが咲き誇り、毎年4月下旬から5月上旬には、ゆり祭りが開催される。

所伊江村東江上地 時見学自由 交伊江港から約5km Pあり

118

1 堅牢な城壁に囲まれた城は、築城から何百年もの間、やんばるの地を守っていた **2** 平郎門（へいろうもん）と呼ばれる門。ここから本丸まで石畳道が続いている

首里城に匹敵する敷地面積を誇る世界遺産

マングローブカヤックを体験

1 レクチャーを受ける

川に出る前に、スタッフからカヌーについての基本技術を学ぶ

2 浅瀬で練習

水深が浅い場所で実践。前進、後退など動作をマスターしよう

3 出発

カヌーの扱いに慣れたら、上流に向かってクルーズスタート！

やんばる．クラブ
MAP P.102F-3 ☎0980-43-6085

一番人気はカヌーだが、フィッシングやマングローブトレッキングなどのコースもある。

所東村慶佐次730-4 時8:00〜17:00 休無休 交許田ICから約27km Pあり

info 慶佐次川マングローブカヤック 2時間半コース
料金 7000円 所要時間 約2時間30分 予約 前日までに要予約（TELまたはHPから） 持ち物 着替え・帽子など

8 絶景ナビ

東海岸

慶佐次川のマングローブ
（けさしがわ）
MAP P.102F-3

長さ約1km、幅約200mにわたってマングローブが鬱蒼と生い茂る慶佐次（げさし）川。日本では滅多に見られない光景を、カヌーに乗りながら楽しめる。1972年に国の天然記念物に指定された。
交許田ICから約27km

天気がよければ
海の中の魚まで
見える！

絶景
ナビ

9
奥やんばる

茅打バンタ
(かや うち)

MAP P.104D-1 ☎0980-41-2101
(国頭村企画商工観光課)

高さ約80mの断崖絶壁から見る景色は
一見の価値あり。伊是名島、伊平屋島、
伊江島などを見渡せる。ちなみにバンタ
は沖縄の言葉で崖の意。
所国頭村宜名真 時見学自由 交許田ICから
約50km Pあり

高台から海を
望む。その景色に
心を奪われる

春には幻の花
と呼ばれるイ
ルカンダが大
石林山を彩る

絶景
ナビ

11
奥やんばる

国頭港食堂
(くに がみ みなと)

MAP P.105B-3

☎0980-50-1660

国頭港でとれた新鮮な島魚を堪
能できる食堂。「沖縄の魚はうまい」を伝
える大将の魚料理のファンも多い。
所国頭村国頭浜村477-1 時11:30～14:00、
17:30～20:00（日曜、祝日は昼のみ）休月曜
交許田ICから約34km Pあり

刺身漬け丼五点盛
り1390円

絶景
ナビ

10
奥やんばる

大石林山
(だい せき りん ざん)

MAP P.104D-1

☎0980-41-8117

ダイナミックなカルスト地形を体感でき
るスポット。展望台からの絶景や日本最大
級のガジュマルは必見。バリアフリーコー
スもあり、屋内には岩石標本の展示室も。
所国頭村宜名真1241 時9:30～16:30 休荒
天時 料入場1200円 交許田ICから約53km P
あり

北部
［絶景名所ナビ］

13

絶景ナビ

大宜味

大宜味村立芭蕉布会館
（おおぎみそんりつばしょうふかいかん）

MAP P.105B-3 ☎0980-44-3033

大宜味村喜如嘉（きじょか）は昔から芭蕉布の産地として有名。この施設では、沖縄の伝統工芸である芭蕉布の小物を販売しているほか、作業風景も見学できる。

所大宜味村喜如嘉454 時10:00～17:00 休日曜（臨時休業あり）料無料 交許田ICから約32km Pあり

吊り橋の高さは15m、長さは50m、スリルが味わえる

大宜味周辺

12

絶景ナビ

比地大滝
（ひじおおたき）

MAP P.105C-3 ☎0980-41-7966
（やんばるエコツーリズム研究所）

自然を満喫したい人にオススメの沖縄本島最大の滝。滝周辺のやんばるの森には天然記念物が生息し、鳥の声や動植物を観察できるコースがある。

所国頭村比地781-1 時9:00～16:00（11～3月は～15:00）休無休（悪天候時）料入場500円、コース6000円 交許田ICから約37km Pあり

2階は芭蕉布の作業場になっており、その工程を見学できる

14

絶景ナビ

美ら海水族館周辺

古宇利島星空ツアー
（こうりじまほしぞらツアー）

MAP P.103A-3 ☎080-2799-0567
（古宇利島ダイビング）

隠れ家ビーチで満天の星空と参加者をプロの写真家が撮影する完全プライベートのフォトツアー。島には街灯が少なく、プラネタリウムのような光景を拝める。

所今帰仁村古宇利325 古宇利島ダイビング 時20:00～22:00（予約制）休不定休 交許田ICから約25km Pあり

info 星空フォトツアー

料金 5000円
所要時間 約30分～1時間
予約 要予約（ネット予約のみ）

星空を一人占めできる
1回1組限定のツアー

美ら海水族館周辺

絶景ナビ 16 瀬底島
MAP P.103B-2 ☎0980-47-3641
（もとぶ町観光協会）

美しいビーチやサトウキビ
畑、古民家など、沖縄の原
風景を体感できる離島。夕
日スポットとしても有名。

所本部町瀬底 交許田ICから約25km

1 自動で動く「パイナップル号」に乗って亜熱帯の森を散策 **2** 発売から35年以上続く元祖パイン果肉入りかすてら（1本入り1684円）。豊かなパイナップル風味が人気

名護

絶景ナビ 15 ナゴパイナップルパーク
MAP P.102D-3 ☎0980-53-3659

南国の果物や植物のテーマ
パーク。パイン畑の散策や、
県産パイナップル商品の試飲
や試食も。バーもオープン。

所名護市為又1195 時10:00〜17:30 休無休 料1200円 交許田ICから約10km Pあり

▶P.154

大宜味

絶景ナビ 18 喜如嘉集落
MAP P.105B-3 ☎0980-44-3809

味わい深く歴史を感じさせる独特の
集落には、多くの糸芭蕉が生い茂る。
別名"芭蕉布の里"と呼ばれている。

所大宜味村字喜如嘉 時見学自由 交許田ICから約32km Pあり

奥やんばる

絶景ナビ 17 ヤンバルクイナ展望台
MAP P.104D-1 ☎0980-41-2101
（国頭村企画商工観光課）

巨大なヤンバルクイナが目印の展望
台。鹿児島県最南端の島である与論
島や、辺戸岬らを望むことができる。

所国頭村辺戸 時見学自由 交許田ICから約60km Pあり

1 高波がサンゴ岩に打ちつける様子は大迫力 **2** 周辺は熱帯植物の宝庫

奥やんばる

絶景ナビ 20 辺戸岬
MAP P.104D-1 ☎0980-43-0977
（辺戸岬観光案内所）

沖縄本島最北端に位置。奄美群島の
与論島や沖永良部島を望める。岬の
中心には「日本祖国復帰闘争碑」が。

所国頭村辺戸 時見学自由 交許田ICから約60km Pあり

奥やんばる

絶景ナビ 19 オクマビーチ
MAP P.105B-3 ☎0980-41-2222
（オクマ プライベートビーチ ＆ リゾート）

エメラルドグリーンの海で
シュノーケリングツアーな
ど多彩なマリンスポーツが
楽しめるビーチ。

所国頭村奥間913 時9:00〜18:00（11〜2月は〜17:00）休無休 料1500円（宿泊客は無料）交許田ICから約35km Pあり（施設利用料に含む）

沖縄そばを取り扱う店は80店舗以上

老舗＆人気店の激戦区 「本部そば街道」へ

沖縄を代表するグルメで、県民のソウルフードである沖縄そば。
本部町は沖縄そばの専門店が多く存在ししのぎを削っている。
ここでは、その中でもオススメの店舗を紹介していく。

本部半島を斜めに横断する県道84号線沿いに、沖縄そばの専門店が点在する

石くびり
MAP P.103C-2 ☎0980-47-4769

さっぱり系のスープと手打ちの縮れ麺が特徴。ソーキや三枚肉、ゴボウなどが入った具だくさんの石くびりそばは、地元民から高い人気を集めている。

所本部町東464-1 時11:00〜14:00(売り切れ次第閉店) 休月・火曜 交許田ICから約22km Pあり

ソーキや肉などの具材とさっぱりスープが相性抜群

ソーキがジューシーです

石くびりそば 800円

至 沖縄美ら海水族館

さわのや 本部店 ● 石くびり ●

そば屋よしこ
MAP P.103C-2 ☎0980-47-6232

カツオや豚骨、昆布などでダシを取ったスープはあっさりながら、深い旨みが感じられる。一番人気はボリューム満点でコラーゲンたっぷりのてびちそば。

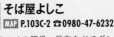

所本部町伊豆味2662 時10:00〜15:30 休火・金曜 交許田ICから約15km

てびちそば(大) 850円

特大てびちと野菜がたっぷり入った栄養満点のひと品

てびちそばが看板メニュー

そば屋よしこ ●

至 大宜味村

58

84

ジューシーも一緒に!

そば八重善 ●

さわのや 本部店
MAP P.103C-2 ☎0980-47-3029

もちもちの麺は自家製で木炭の上澄みを使用。カツオ出汁のスープにはやわらかな軟骨が入っており、三枚豚が贅沢にトッピングされているやみつきになる一品。

本ソーキそば (大)900円

かつお出汁のスープに食べ応えありの本ソーキをトッピング

所本部町渡久地15-7 時11:00〜16:00 休木曜 交許田ICから約23km Pあり

イカスミそば 1200円

見た目は強烈だが、あっさり味でとても食べやすい

そば八重善
MAP P.103C-2 ☎0980-47-5853

店の名物であるイカスミそばは1日10食限定。そのほか沖縄料理を一度に楽しめる八重御膳やいか墨汁定食、ゴーヤーちゃんぷるー定食などメニューも豊富。

所本部町並間342-1 時11:00〜15:00(売り切れ次第閉店) 休火・水曜 交許田ICから約20km Pあり

至 名護市

北部 [絶景名所ナビ]

123

名物
名品

ののじまんじゅう

沖縄のお祝い事に幸福の〝の〟の字を

通称〝ののじまんじゅう〟と呼ばれる「ぎぼまんじゅう」は、干菓子や松風と並ぶ沖縄県内の祝事用菓子の一つだ。中央の文字は「熨斗」の「の」に由来し、結婚式や進学祝いなど、あらゆるお祝い事に用いられてきた。

中華まんじゅう風の見た目だが、材料は別物。小麦粉を生イーストで発酵させ、塩や砂糖でシンプルに味付けした生地で粒あんを包んでいる。ぎぼまんじゅうでは、沖縄でサンニンと呼ばれ、昔からご飯やお餅を包む際

に使用される月桃の葉を、持ち帰りの際のラッピングに使用している。この爽やかな月桃の葉の香りが、沖縄らしく、いいアクセントになっている。

また、沖縄は出生率が高く、助け合いの「ゆいまーる精神」が根付いている。そのため、親族同士のつながりも強く、家族や親族の人生のお祝い事に関わる機会も多いのだ。こうした文化的背景も手伝い、ののじまんじゅうは人々に愛される幸福の銘菓となっていったのだろう。

【工程】

1 成形
小麦粉、塩、砂糖で作った生地で粒あんを包み丸く成形する

2 蒸す
約1時間かけてふんわり蒸す

↓

3 文字入れ
仕上げに食紅で「の」の字を書いて完成

豪快な「の」の文字にふかふかの分厚い皮と程よい甘さの粒あんの素朴な味わいが特徴

ぎぼまんじゅう
1個200円
那覇三大饅頭の一つで、縁起物として人気。売り切れ次第閉店のため、事前予約が好ましい

まんじゅうは香りよい月桃の葉で包み、さらに紙で包装

🛒 購入は専門店で

那覇
ぎぼまんじゅう
🗺 MAP P.26E-1 ☎098-884-1764

所 那覇市首里久場川町2-109-1 時 9:00～売り切れ次第閉店 休 日曜 交 ゆいレール首里駅から徒歩約10分 P あり

名物
名品

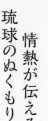

やちむん

情熱が伝える琉球のぬくもりの器

温かみあるデザインで親しまれる伝統焼物「やちむん」。その起源は定かでないが、手法や作風には14世紀頃から交易が行われた中国や朝鮮、東南アジア各国の影響が見られる。1682年、王府が各地に点在していた窯元を那覇市壺屋に統合したことを機に、やちむんは大きな発展を遂げた。

戦後、比較的軽微な被害ですんだ壺屋は、再興に従い勢いを取り戻す。しかし、窯が市街地に集中していたことで、煙害が問題視され、薪窯の使用が難しくなった。時を同じくして、基地返還による土地転用を模索していた読谷村は、窯元の積極的な誘致を行った。1972年、人間国宝の故・金城次郎氏が読谷に窯を移したことを機に、個人窯と共同登窯が多数集まり「やちむんの里」が形成された。

やちむんは、琉球時代より続く歴史の中で、時代の波にさらされながらも職人たちの情熱によって守られ、読谷と壺屋は伝統を支える二大エリアとして発展してきたのだ。

カラカラ 2750円
ちぶぐゎ〜 440円
（読谷山焼 北窯売店）
泡盛を注ぎやすい形状の酒器で、振るとカラカラと音がするものも。セットでそろえたい

[やちむんの種類]

ケーウチ
平型や深型の4寸以上の皿。中央に凹みがなく取り皿として重宝する

カラカラ
徳利に注ぎ口が付いた酒器。膨らむ下部の曲線が特徴

マカイ
飯碗であり、汁椀としても使用できるどんぶりの一種

🛍 購入は「やちむんの里」や「壺屋やちむん通り」で

中部
読谷山焼 北窯売店
（よみたんざんやき きたがまばいてん）

MAP P.52E-1 ☎098-958-6488

所読谷村座喜味2653-1
時9:30〜13:00、14:00〜17:30 休不定休 交石川ICから約10km Ｐあり

▶P.69

[代表的な技法]

飛びカンナ
工具の刃先を使い連続した削り目をつける技法

イッチン
スポイトでやわらかい土を絞り出し模様を描く

点打ち
緑釉や飴釉で表面に水玉のような模様を作る

線彫り
鉛筆を使って表面を彫り、魚などの模様を描く

歴史
×物語

鉄の嵐が吹き荒れた小さな美しき島

なぜ戦場となったのか？
沖縄戦の凄絶なる3ヵ月間

全島が戦場となり、県民の4人に1人が亡くなったとも言われる沖縄戦。美しい島を襲った、悲しみの歴史を知る。

本土攻略の足がかりとされた沖縄「アイスバーグ作戦」

　沖縄戦は、冬が終わり大地に潤いが増す「うりずん」の季節に展開された。

　1942年6月、ミッドウェー海戦で米軍に大敗した日本軍は、南西諸島の防備のために守備軍を沖縄に配備。正規軍と海軍に合わせ、防衛隊や学徒隊が駆り出された。米軍は沖縄占領に続く日本本土上陸までを視野に入れた沖縄侵攻「アイスバーグ作戦」を立て、占領後の住民の保護、占領行政を計画し周到な準備を行う。そして1945年3月、太平洋戦争最大の上陸作戦を開始した。

　宜野湾の嘉数高台では、16日間にわたる激戦が繰り広げられ、日本軍約6万4000人、米軍約2万6000人の戦死者を出した。現在この地には、普天間基地を一望する展望公園が整備されており、沖縄の過去と今、未来を考えさせられる風景が広がっている。

沖縄戦の激戦地「嘉数高台公園」から望む普天間基地

12万人の島民が犠牲となった地上戦

白旗を掲げて1人投降し、命をとりとめた「白旗の少女」

　嘉数高台が陥落後、首里の総司令部は南部へと後退。最終的に糸満の摩文仁の丘に陣をとることとなる。最後まで全軍での徹底抗戦を辞さなかった牛島満中将は、6月23日に自決。米軍が沖縄作戦の終了を宣言したのは、9日後の7月2日であった。

　この沖縄戦での戦没者は、日米軍民合わせて20万656人（沖縄県平和祈念資料館統計）、そのうち沖縄県出身者は12万人とも言われる。米軍撮影の映像に残る、激戦の中たった1人戦場をさまよう7歳の少女が、白旗を掲げアメリカ軍に投降する姿に、その悲惨さを改めて思い知らされる。平和祈念公園内の平和の礎には、国籍、軍人、非軍人を問わず、沖縄で命を失った24万人余りの名前が刻まれる。美しい景色に包まれ、穏やかな時が流れるかつての戦地で、改めて平和の尊さを考えたい。

沖縄戦終焉の地、糸満市摩文仁にある、戦没者を追悼する平和祈念公園

太平洋戦争と沖縄戦

…太平洋戦争　…沖縄戦

1941年	日本軍の真珠湾攻撃 太平洋戦争の勃発
1942年	ミッドウェー海戦
1943年	沖縄本島をはじめ沖縄県内10カ所に日本軍の飛行場が建設される
1944年	・サイパン島陥落。日本本土空襲が本格化 ・沖縄全域への空襲で、那覇市の90%が消失（10・10空襲）
1945年3月	・硫黄島の日本軍全滅 ・東京大空襲 ・女子学徒隊を各部隊に配属 ・男子中学生など、鉄血勤皇隊として動員 米軍、慶良間諸島に上陸
4月	米軍、沖縄本島中部に上陸 嘉数高台で戦闘開始
7月	米軍、沖縄戦の終了を宣言
8月	・広島に原子爆弾投下 ・長崎に原子爆弾投下 ・日本政府、ポツダム宣言受諾（無条件降伏）
1946年	GHQ、日本と南西諸島の行政を分離 米軍占領下に
1972年	沖縄日本復帰

南部
糸満・平和祈念公園

周辺スポットへの
アクセス

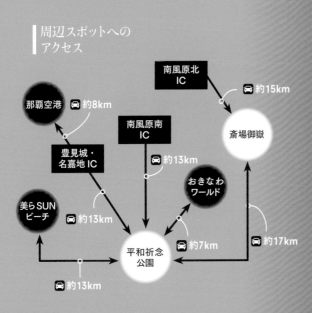

南風原北
IC

🚗約15km

那覇空港 🚗約8km

斎場御嶽

南風原南
IC

豊見城・
名嘉地 IC

🚗約13km

おきなわ
ワールド

美らSUN
ビーチ

🚗約13km

🚗約7km

🚗約17km

平和祈念
公園

🚗約13km

127

D
▲南風原北IC
里仲間
③
▲ 南風原北IC
大里内原公園
▲ 西原町◗

E
当添漁港
● ザ・ビッグ・エクスプレス

F
● 知名崎
🐼 テダ御川 P.148

津波古
佐敷津波古
331
137
新里
🐼 馬天港
冨祖崎公園 ●
守礼カントリー
クラブ
須久名山▲
英魂之塔
🅿 下図
知念海洋
レジャーセンター
安座真城跡 ●
斎場御嶽 🐼
P.136,148
1

稲嶺
86
P.152 TIDAMOON 長山びんがた 🐼
市営新開球場
うつわ+喫茶
ボノホ
知念吉富
知念岬公園 ●
知念岬

P.153 Doucatty 🐼
P.148 場天御嶽 🐼
ユインチホテル南城 🏨
南城市役所 ◎
佐敷上グスク P.148 🐼
南城佐敷・玉城
P.141 アジアンハーブレストラン
カフェくるま
知念海洋
レジャーセンター
安座真城跡 ●
知念吉富
知念岬公園 ●
知念岬

南城大城
玉城愛地
航空自衛隊
P.148 知念グスク 🐼 ● 和魂之塔
P.148 知念大川 🐼
知念漁港

南城
親慶原
86
● チャーリー
垣花樋川 ●
331
具志堅漁港

● vegetarica
琉球ゴルフ倶楽部
P.148
🐼 玉城グスク
垣花城跡 ●
志喜屋漁港
アドチ島
2

P.146 アトリエ+ショップ
COCOCO
48
● 木彫屋
県立玉城
少年自然の家
🐼 ミントングスク P.148
● Cafe やぶさち
浜川御嶽 P.148 🐼

🐼 ガンガラーの谷 P.134
P.148 受水・走水 🐼
山の茶屋 楽水
観光
センター
新原
海底
🐼 百名ビーチ P.143
🐼 ヤハラヅカサ P.148

P.140
🐼 玉泉洞 (おきなわワールド)
玉城堀川
🏯 海坐
P.86 食堂かりか P.86
新原ビーチ P.141

頭運動公園 ●
17
雄樋川
P.86
浜辺の茶屋
🏯 百名伽藍

八重瀬町
雄樋川大橋
奥武橋
奥武ビーチ
奥武島 P.143

P.144
🍜 沖縄そばと茶処 屋宜家
具志頭
付録MAP表③
❌ 中本てんぷら店 P.143

🏯 南の駅 やえせ
具志頭城跡
ちんすこう本舗
新垣菓子店 玉城店 P.48,154

具志頭
❌ 南国食堂 P.91

ザ・サザンリンクス リゾート

ザ・サザンリンクス
ゴルフクラブ

🅿 斎場御嶽
斎場御嶽
N
広域図 | 上図
0 150 300m
安座真港
与那原町 ◗
知念安座真
あざま
サンサンビーチ

座絶壁(キーザバンタ)

太平洋

● 守礼カントリークラブ
🐼 南城美術館 P.145
安座真城跡 ●
● 知念
海洋レジャーセンター

南城市

P.136,148 斎場御嶽 🐼
331
知念久手堅
3

吉冨
● 知念図書館
● アイランドアロマ沖縄
知念吉富
〒 がんじゅう駅 南城
南城市地域物産館
知念体育館

🐼 ニライ橋・カナイ橋 P.138
● Cafe 森のテラス
🐼 知念岬公園 P.145
知念岬

86
知念知念
❖ 糸満市

D
E
F

南部（なんぶ）
糸満・平和祈念公園

ゆるやかなカフェ
タイムを過ごそう

美しい海岸と聖地を巡る

太平洋戦争末期、多くの避難民が悲劇の死を遂げた慰霊の地「平和祈念公園」をはじめ、各地に戦跡が残る本島の南部エリア。

このエリアには琉球時代から伝わる、国家の繁栄と五穀豊穣を祈願する祭祀として行われた「東御廻り」の聖地が点在する。東側の地域は高台になっており、絶景ビューポイントも多い。

また、南城市の海岸線沿いには眺望のいいカフェやレストランが多いので、ランチやドライブの途中の休憩に立ち寄りたい。

名所が多いエリアだから
【こんな楽しみ方もあります】

斎場御嶽で心洗われる
琉球最高峰の聖地でパワースポットとされる。心を鎮め、清らかな気持ちで自然の力を体感！

▶ P.136

絶景の海カフェ
オンザビーチのカフェや、高台から大海原を見下ろすカフェなど、オーシャンビューのお店が点在する。景色を眺めながら、お茶や食事を。
▶ P.141

沖縄戦の足跡を訪ねる
沖縄戦の激戦地となった南部には各所に慰霊の塔が建つ。戦跡を訪ねながら平和の尊さを考えよう。

▶ P.138

シービュードライブ
名所の「ニライ橋・カナイ橋」を走れば、海が視界いっぱいに広がり、海の上を飛んでいるかのような気分に。

▶ P.138

路線バスも充実
【交通案内】

レンタカー
広い国道沿いに観光スポットが点在するため、運転に不慣れな人も、比較的安心して巡ることができる。

路線バス
那覇から糸満バスターミナルを経由して各スポットへ。糸満からのバス路線は本数が少ないため事前に要確認。

見どころが多いエリアだから…
【上手に巡るヒント！】

1 那覇を起点にドライブをスタート
那覇空港から南部を海岸線に沿って、国道331号沿いに半島を1周するルートがおすすめ。にぎやかな那覇市内やリゾート地域と違い、道路沿いにコンビニなども少ないため、トイレ休憩やちょっとした買い物は事前に済ませておく必要がある。南風原北ICから空港方面へは、那覇空港自動車道の無料通行区間となっている。

2 外周はぐるっと回ると約1時間
国道331号が海岸線沿いにぐるりと外周を囲んでおり、那覇空港から斎場御嶽のある南城市東部まで約1時間。車窓からは時おり海を望むことができ、車で渡れる奥武島も人気スポット。

3 海カフェは時間帯も重要
日中と夕方では違った表情を見せる沖縄の海。干満の差が激しく、干潮時には岩だらけに…なんてことも。潮位は約半日の周期でゆっくりと変化するため、事前に確認するのが安心。

さらに

☑ **2800円からの格安バスツアーも**
半日で南部の人気スポットを巡る、格安バスツアーもあるため、レンタカーがなくてもOK。

☑ **海カフェをはしごするのも◎**
南城市の南東エリアは海岸線沿いに立つ海カフェの宝庫。車ならはしごして巡るのも楽しい。

裏ワザ

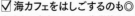

美しい海岸線が魅力
2 南城市南部
なんじょうし なんぶ

自然豊かな地域で、白砂が美しいのどかな天然ビーチや、ロケーションを生かした絶景カフェも多い。神話が伝わる神の島や橋で渡れる海人の島、小さな無人島など個性的な離島も人気だ。

BEST 絶景

絶景ナビ	新原ビーチ	▶P.141
	百名ビーチ	▶P.143
	奥武島	▶P.143

大海原を見下ろす絶景地
1 南城市東部
なんじょうし とうぶ

標高150m程度のなだらかな丘陵・台地が広がる東部。琉球時代の聖地があり、丘の上には景観のいいドライブスポットやレストランが点在する。大海原を望む、のどかな風景に癒される。

BEST 絶景

絶景ナビ	斎場御嶽	▶P.136
	ニライ橋・カナイ橋	▶P.138
	知念岬公園	▶P.145

⚠ ご注意を

コンビニやガソリンスタンドは少ない
海と山に囲まれ、漁業や農業が盛んなのどかな集落が広がる。商業施設は国道331号や県道17号の沿道に集中するので注意。

海カフェは混雑必至
海カフェの醍醐味は、窓辺の席で過ごす特別な時間だが、人気の席は空いていないことも。特にシーズン中は並ぶ覚悟で！

民家が多いので配慮を忘れずに
サトウキビ畑や赤瓦屋根の民家が点在する静かな地域。カフェやビーチ付近にも日常生活を送る人々がいることを念頭に置いて。

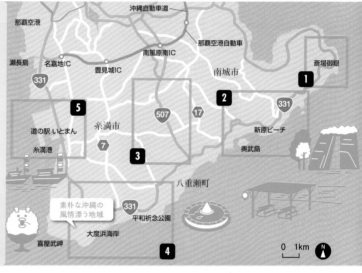

素朴な沖縄の風情漂う地域

0 1km N

南部 [エリア概要]

本島最南端の海人の町
5 糸満
いとまん

市場、ビーチ、工芸品など古き良き沖縄を残しつつリゾート気分が楽しめる、本島最南端の地。太平洋と東シナ海を望む、海人の町ならではのお祭りやアクティビティなども。

絶景ナビ	琉球ガラス村	▶P.145
	糸満ハーレー	▶P.142
	喜屋武岬	▶P.146

沖縄戦終焉の地
4 平和祈念公園周辺

海を望む丘一帯に広がる平和祈念公園は、各所に慰霊塔が立ち、戦争の実態を伝える資料館や遺骨を納めた墓苑、戦没者を刻銘した礎などがある。周辺には大度浜海岸などの絶景スポットもある。

BEST 絶景

絶景ナビ	平和祈念公園	▶P.138
	ひめゆりの塔・ひめゆり平和祈念資料館	▶P.139

南部のジャングルゾーン
3 八重瀬
やえせ

太古の自然が残る「ガンガラーの谷」や洞窟探検ができる「玉泉洞」のほか、自然豊かな八重瀬町には秋冬も楽しめるスポットが多い。静かな環境で、製作作業に没頭できることから、手仕事にこだわる職人達の工房も。

BEST 絶景

絶景ナビ	ガンガラーの谷	▶P.134
	玉泉洞（おきなわワールド）	▶P.140

（地図内の表記）
沖縄自動車道
那覇空港
那覇空港自動車
南風原南IC
瀬長地
名嘉地IC
豊見城IC
331
斎場御嶽
南城市
5
507
17
2
331
糸満市
道の駅 いとまん
7
新原ビーチ
奥武島
糸満港
3
八重瀬町
331
平和祈念公園
大度浜海岸
喜屋武岬
4

沖縄を知る歴史スポットと聖地巡り ＆絶景の海カフェでのんびり

半日**コース**

🚗 車で

絶景ナビ　糸満〜平和祈念公園〜ガンガラーの谷〜斎場御嶽

戦跡が各地に残る南部エリアには、琉球王国にゆかりのある聖地も多く点在する。美しい海を眺め、歴史に触れる旅へ出かけよう。

START

那覇市内

🚗 車で約40分

13:00 神秘的な谷をツアーで体験!
ガンガラーの谷

絶景ナビ

▶P.134

鍾乳洞が崩れてできた谷と亜熱帯の森。旧石器時代には「港川人」が住んでいた可能性があり、今もなお発掘調査が行われている。ガイドツアーでのみ入場可能。

👣 徒歩約1時間

ツアーで進んでいくと、森と海を望む見晴らしのいいロケーションの中にツリーテラスが。スタッフ手作りのテラスで、開放的な南部の風景が楽しめる。

🚗 車で約15分

本島から橋を渡り、周囲約1.5kmの小さな奥武島へ。橋を渡ってすぐ左手には奥武ビーチがある。漁業が盛んなのんびりとした島で、名物の揚げたての天ぷらを味わおう。

絶景ナビ

▶P.143

🚗 車で約15分

9:00 沖縄戦の悲惨さを改めて知る
ひめゆりの塔

沖縄戦で亡くなったひめゆり学徒の慰霊碑。資料館では、手記や生存者の映像などリアルな記録を通して、戦争の悲惨さを知ることができる。

絶景ナビ

▶P.139

🚗 車で約10分

10:30 戦没者慰霊公園で平和を祈る
平和祈念公園

海を望む平和祈念公園。国内外より多くの人々が慰霊に訪れる。広い園内を巡るには、園内7カ所のバス停を結ぶEVバスの利用がおすすめ。

絶景ナビ

▶P.138

🚗 車で約15分

12:00 琉球古民家でまったりランチ
沖縄そばと茶処 屋宜家

沖縄伝統の古民家でいただく沖縄そばの店。沖縄ぜんざいなどの特製スイーツも美味。

絶景ナビ

▶P.144

アオサの香りが豊かなアーサそばセットをぜひ

🚗 車で約10分

本島南部エリアは、海に面した外周沿いを囲むように国道331号が走る。主な見どころは国道沿いやその周辺に多いので、国道を使ってぐるりと一周するのがおすすめ。

まずは糸満漁港を経て平和祈念公園を見学。広い敷地内は園内バスを利用するのが便利だ。琉球古民家の食事処でランチをしたあと、古代からある太古の森を訪れ、南部らしいパワースポットの散策へ。南城市に入ると海沿いには景色のいいカフェや美しいビーチが点在。海に向かって大きくカーブする高さ80mのニライ橋・カナイ橋など絶景スポットを経由しつつ、琉球最大の聖地と呼ばれる斎場御嶽まで車を走らせよう。

海に突き出すような形の知念岬にある公園。体育館裏手にあり、混み合うことも少ない穴場だ。斎場御嶽まで比較的近いため、ここに車を停めて歩いて行ける。

太平洋を一望

▶ P.145

車で約5分

車の乗り入れ不可の斎場御嶽へは、特産品やみやげを販売する南城市地域物産館に駐車して向かおう。拝観チケットを購入し御嶽へ。入り口までは徒歩約10分。

徒歩約10分

16:30 世界遺産の琉球最高の聖地へ
斎場御嶽

絶景ナビ

▶ P.136

琉球の創世神が作ったと言われ、最高の聖地とあがめられる御嶽。御嶽内には6つのイビ（神域）があり、首里城内の部屋と同じ名前を持ち、両者の深い関わりを示す。

GOAL

15:00 絶景カフェの先駆けとなった名店
浜辺の茶屋

20年以上愛され続ける、浜辺に佇む絶景カフェ。晴れた日の満潮時、窓一面に広がる青い海は感動もの。

▶ P.86

日替わりモーニングプレート990円

車で約3分

カフェを出て、海沿いを東に向かってすぐにある、ローカルに人気の新原ビーチ。グラスボートで、生き物観察などもできるファミリー向けスポットだ。

遠浅の天然ビーチ

▶ P.141

車で約15分

16:00 ヘアピンカーブの絶景橋を渡る
ニライ橋・カナイ橋

絶景ナビ

▶ P.138

全長約1.2kmにわたるU字型の橋。頂上付近にはトンネルがあり、その上の展望所から久高島が一望できる。

車で約10分

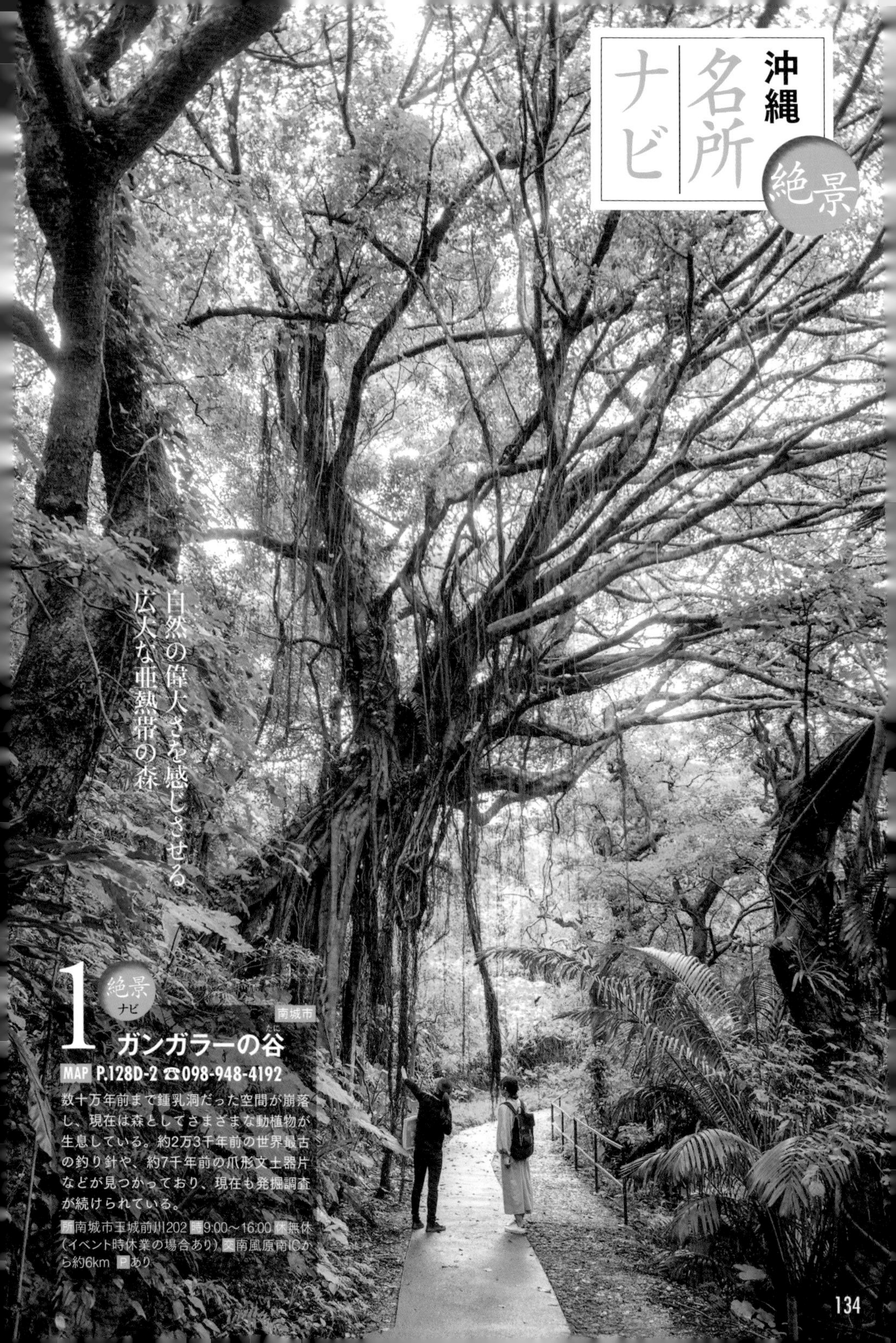

沖縄名所ナビ

絶景

自然の偉大さを感じさせる
広大な亜熱帯の森

1 絶景ナビ

南城市

ガンガラーの谷

MAP P.128D-2 ☎098-948-4192

数十万年前まで鍾乳洞だった空間が崩落し、現在は森としてさまざまな動植物が生息している。約2万3千年前の世界最古の釣り針や、約7千年前の爪形文土器片などが見つかっており、現在も発掘調査が続けられている。

所南城市玉城前川202 時9:00～16:00 休無休（イベント時休業の場合あり） 交南風原南ICから約6km Pあり

鍾乳洞が崩落してできた神秘的な空間

ツアーに参加して見学する

カンガラーの谷は、専門のガイドによるツアーでのみ入ることができる。歩道を歩きながら大自然を体験するとともに、その歴史について学べる。所要時間は約1時間20分。

① ツアースタート

集合場所のCAVE CAFEで専門ガイドによるツアーの流れなどの説明を受け、いざ出発！

② イキガ洞

洞窟奥の巨大な鍾乳石を目指す。ここで祈りを捧げると子宝に恵まれるというご利益が

③ ツリーテラス

見晴らしのいい展望スペースも。緑あふれる広大な森の向こうに海を望む絶景スポット

④ 武芸洞

数千年前の土器や石の棺、人骨が発見されたエリア

info ガンガラーの谷ガイドツアー

料金 参加料2500円	**所要時間** 約1時間20分
開始時間	10:00 / 12:00 / 14:00 / 16:00
予約	前日までにウェブまたは電話で要予約（当日は要問い合わせ）

info 「御嶽（うたき）」とは
沖縄地方にみられる村落祭祀などの中心となる聖域の総称。社殿はなく自然石や樹木、香炉などで構成されているものが多い。

「アマミキヨ」とは
琉球開闢（かいびゃく）の神。現在はアマミキヨによって作られた聖地のうち7つが、琉球開闢七御嶽として語り継がれている。

2つの巨大な岩が絶妙なバランスを保ち、互いを支え合う「三庫理」

琉球王国を語る上で欠かせない“聖地”

絶景ナビ 南城市東部

2 斎場御嶽
（せーふぁうたき）

MAP P.128F-3 ☎098-949-1899

世界文化遺産に登録されている史跡は、14世紀後半から琉球王国が確立した後の18世紀末にかけて生み出された。“せーふぁ”は最高位の意。

鬱南城市知念久手堅539 顕9:00～17:15（11～2月は～16:45）※2023年4月現在立ち入り制限中依不定休 翟300円 図南風原北ICから15km 回あり

神秘に満ちた聖地を歩く

琉球最高の聖地。御嶽場内は滑りやすい箇所もあるため、歩きやすい靴で訪れることをオススメする。

④ 三庫理

最奥の拝所。岩の隙間を通り抜け奥へ入ると、海の向こうには久高島が

③ 大庫理
（うふぐーい）

6つある拝所の一つ。なお、首里城正殿にも同名の広間がある

② 入り口へ

チケット売り場から斎場御嶽の入り口までは、徒歩で10分ほど

① チケットを購入

駐車場もある南城市地域物産館のチケット売り場で購入する

レンタサイクルで島を一周

周囲はわずか8kmと小さな島なので、島内の移動にはレンタサイクルが便利。自分のペースで神の島を散策しよう。

① 徳仁港
到着したら港の近くで自転車を借りよう。1時間、2時間、3時間から選べる

② 御殿庭
中央の建物は神アシャギ、右は島の始祖の一人白樽を祀るお宮

③ イシキ浜
琉球国王も訪れたという神聖な浜。そのため、遊泳や石の持ち帰りは厳禁

④ ロマンスロード
全長約600mの整備された遊歩道。どの場所からも海を眺めることが可能

⑤ はびゃーん（カベール岬）
アマミキヨが降り立ったとされる場所。久高島屈指の絶景が広がっている

3 絶景ナビ
久高島（くだかじま）
久高島

MAP P.5B-3 ☎098-835-8919
（久高島振興会）

琉球のアマミキヨが国づくりを始めたと言われる琉球神話聖地の島。イラブーを燻製にして煮込んだイラブー汁が名物。本島から船で約15分。
🚢高速船で約15分、フェリーで約25分

1 島の東側にあるイシキ浜。麦や栗などの五穀の種が流れ着き、ここから農業が広まったと言われている **2**「はびゃーん」までの一本道は"神の道"と呼ばれる **3** 魚が泳ぐ姿が肉眼で見られるほど透明度の高い海。神の宿る海なので遊泳は不可

info 久高島へのフェリー・高速船時刻表

安座真港(本島) 発
フェリー：8:00、11:00、15:00
高速船：9:30、13:00、17:00 ※天候により変更の場合あり
徳仁港(久高島) 発
フェリー：10:00、14:00、17:00
高速船：8:30、12:00、16:00
料金 高速船 片道770円 往復1480円
　　　　フェリー 片道680円 往復1300円
予約 不可(先着順)
問い合わせ
久高海運 安座真事務所 ☎098-948-7785
久高事務所 ☎098-948-2873

車内からも絶景が楽しめる
県内屈指のドライブスポット

絶景ナビ

4 ニライ橋・カナイ橋 南城市東部

MAP P.128E-3 ☎098-948-4611
(南城市観光協会)

ジェットコースターのような急カーブが目を引く橋。まるで空と海に向かってドライブしているような感覚を味わえる。ちなみにニライカナイとは異世界を意味する言葉。 顧南城市知念冨蘇 團通行自由 愛南風原北ICから約17km 日なし

橋の頂上付近のトンネルの上には展望所があり、そこから橋の姿を一望できる

info 橋の写真を撮るなら展望台へ

86号のトンネルを過ぎると眼前に広大な空と海が広がる。車だけでなく、徒歩でも渡ることができる"SNS映え"スポットだ。

info 園内EVバスで移動

40haの公園内を効率よく回るため、園内にはどこでも乗り降り自由のEVバスが運行している。運賃は1乗車100円。

絶景ナビ

5 平和祈念公園 平和祈念公園周辺

MAP P.129C-3 ☎098-997-2765

沖縄戦終焉の地、糸満市摩文仁に造られた公園。ここでしか知ることができない戦争の歴史が詰まっており、平和の大切さを改めて実感できる。

顧糸満市摩文仁444 團8:00〜22:00(一部見学自由) 郁施設により異なる 郷施設により異なる 愛豊見城ICから約15km 日あり

晴天の日には
久高島が
見えることも

あわせて立ち寄りたい
「ひめゆりの塔・ひめゆり平和祈念資料館」

沖縄戦で亡くなったひめゆり学徒の慰霊碑。終戦の翌年に建立された。資料館では当時の壕の様子を再現したジオラマや生存者の証言映像などを見ることができる。

MAP P.129B-3 ☎098-997-2100
所糸満市字伊原671-1 時9:00〜17:00 休無休 料資料館450円（ひめゆりの塔は見学自由）交那覇空港から約14km Pあり

平和に思いを馳せて
沖縄戦終焉の地を巡る

主な施設とおすすめの見学順は下記の通り。

① 沖縄平和祈念堂

二度と戦争を引き起こさないよう"世界平和のメッカ"として開堂された

② 沖縄県平和祈念資料館

沖縄戦の歴史を写真や映像などで紹介。戦争の犠牲者の遺品も展示

④ 平和の礎

敵・味方問わず沖縄戦の犠牲者24万人余りの名前が刻まれている記念碑

③ 平和の火

毎年6月23日（慰霊の日）には多くの人が祈りを捧げに訪れる

6 玉泉洞（おきなわワールド）

絶景ナビ

MAP P.128D-2 ☎098-949-7421

約30万年の自然の営みが創り上げた鍾乳洞。鍾乳石の数は100万本以上、全長は5000mでどちらも国内最大級。天然記念物にも指定されている。

南城市玉城前川1336　9:00〜16:00　無休　入園券2000円　南風原南ICから約6km　あり

光と水が織り成す幻想
沖縄の美しい鍾乳洞

おきなわワールドの見どころを満喫!

街並み
伝統的な琉球の民家を忠実に再現したエリア。屋根の上にはシーサーが置かれている

スーパーエイサーショー
沖縄で旧盆に祖先を供養するために行われる舞踊、エイサーをアレンジ。伝統芸能が楽しめる

ハブとマングースのショー
笑いあり、驚きありのエンターテインメントショー。1日3回開催

周辺には民家が建ち、
路地の隙間からは海が

7 絶景ナビ 新原ビーチ _{みーばる}

南城市南部

MAP P.128E-2 ☎098-948-4611

（南城市観光協会）

地元感あふれるビーチ。グラスボートに乗って魚やサンゴを見ることもできる。沖縄空港から車で約40分とアクセスのよさも魅力だ。

所 南城市玉城百名 時 8:30〜16:30（夏期は〜17:00）
休 期間中無休（遊泳期間は4〜10月） 交 南風原南ICから約10km P あり（有料）

info 素敵な海カフェへ

オンザビーチの席が大人気のネパール料理店。メインはカレーだが、サイドメニューも充実している。

食堂かりか ▶P.86

南部 [絶景名所ナビ]

8 絶景ナビ アジアンハーブレストラン カフェくるくま

南城市東部

MAP P.128F-1 ☎098-949-1189

太平洋のパノラマビューを楽しめるアジアンハーブレストラン。テラス席はどこからでも海を眺めることができ、開放感がある。

所 南城市知念字知念1190 時 10:00〜16:00（土・日曜・祝日は〜17:00） 休 無休 交 南風原南ICから約15km P あり

1 マンゴーをそのまま凍らせたスイーツは、トロッとした食感がやみつきになる人気メニュー 2 テラス席の隣には広場があるため、食後はここでゆっくり海を眺めながらひと休みできる

おいしい食事に舌鼓を打ちながら景色も楽しめる

info 旧暦5月4日に開催

イベントの目玉は伝統的な手漕ぎ船、爬竜船（はりゅうせん）による競漕。海の男たちによる真剣勝負は迫力満点だ。

9 絶景 ナビ

糸満ハーレー（いとまん）

糸満

MAP P.129B-2 ☎098-992-2011（糸満ハーレー行事委員会）

毎年旧暦の5月に行われる糸満市の一大イベント。伝統衣装を身にまとってサバニ（ボート）を漕ぎ競い、航海の安全や豊漁などを祈願する。

所 糸満漁港中地区 料 無料 交 豊見城・名嘉地ICから約6km P あり

---

11 絶景 ナビ

八重瀬

機織工房しよん（はたおりこうぼう）

MAP P.129C-2 ☎098-996-1770

昔ながらの機織り機で、現代の生活スタイルに合った作品を制作している工房。小物からショールまでさまざまな商品が並んでいる。

所 八重瀬町仲座72 時 9:00〜17:00（2023年10月から営業時間変更あり、要確認）休 木曜 交 南風原南ICから約9km P あり

▶ P.147,153

---

10 絶景 ナビ

いなみね冷やし物専門店お食事処（ものせんもんてん しょくじどころ）（ひ）

MAP P.129B-2 ☎098-995-0418

糸満

長年、地元住民に愛され続けている老舗食堂。人気はフルーツで顔を作ったふわふわの食感がたまらないかき氷。ぜんざいの「白熊（大）」は750円。

所 糸満市糸満1486-3 時 11:00〜18:00 休 火曜 交 豊見城・名嘉地ICから約6km P あり

12

絶景ナビ

南城市南部

百名(ひゃくな)ビーチ

MAP P.128E-2 ☎098-948-4611
（南城市観光協会）

真っ白なサンゴ砂とエメラルド・ブルーの海が美しい天然ビーチ。琉球の創始神アマミキヨが初めて降臨した場所とされる。

所南城市玉城百名 時遊泳自由 交南風原南ICから約12km Pなし

info 東御廻(あがりうまーい)りの霊場がある

アマミキヨが上陸した地点を示す石碑「ヤハラヅカサ」。干潮時にその全容が現われる。 ▶P.148

南部 [絶景名所ナビ]

info 天ぷらが名物

多くの人が訪れる"天ぷらの聖地"。名産のもずくをたっぷり使ったもずく天は必食。

濃いめの味付けとふわふわの衣が人気の秘訣

中本てんぷら店 ☎098-948-3583
所南城市玉城奥武9 時10:30〜18:00 休木曜（木曜祝日の場合、代休水曜）交南風原南ICから約16km Pあり

13

絶景ナビ

南城市南部

奥武島(おうじま)

MAP P.128E-2 ☎098-948-4611
（南城市観光協会）

面積0.23km²、人口約1000人の車で渡れる小さな島。太平洋に面し漁業が盛んで、海産物の食堂や天ぷらの店などが点在している。

所南城市玉城奥武 交南風原南ICから約16km

島は漁業が盛んで、トビイカの天日干しは奥武島の夏の風物詩

14 沖縄そばと茶処 屋宜家
絶景ナビ　八重瀬

（ちゃどころ　やぎや）

MAP P.128D-2 ☎098-998-2774

アオサを練り込んだ麺に、スープにもアオサを使用したアーサそば900円（単品）が人気。店の周囲にはサトウキビや、野菜畑など緑が豊富。

所八重瀬町大頓1172 時11:00〜15:15 休火曜（祝日の場合営業）交南風原南ICから約6km Pあり

1黒蜜きなこぜんざい430円 2屋根の上には守り神のシーサーが

info 建物にも注目

情緒あふれる沖縄らしい雰囲気が漂う。建物は国指定の登録有形文化財となっている。

16 パーラー・ド・ジュジュモ
絶景ナビ　豊見城

MAP P.129A-1 ☎080-4278-8150

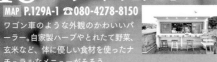

ワゴン車のような外観のかわいいパーラー。自家製ハーブやとれたて野菜、玄米など、体に優しい食材を使ったナチュラルなメニューがそろう。

所豊見城市与根490-3 時8:00〜13:00 休土・日曜・祝日 交名嘉地ICから約3km Pあり

ビタミンカラーのフレッシュなジュースたち

15 はたけかふぇ。
絶景ナビ　八重瀬

MAP P.129C-3 ☎080-1298-9628

熱帯果樹園に併設するジューススタンド。ドラゴンフルーツのスムージー500円（左）やシークヮーサーハイビスカスティー400円（右）など、美容にいい飲み物が特徴。

所八重瀬町仲座834-2 時10:00〜16:00 休不定休（公式HP要確認）交南風原南ICから約8km Pあり

17 絶景ナビ

南城市東部

知念岬公園
（ちねんみさきこうえん）

MAP P.128F-3 ☎098-948-4611
（南城市観光協会）

海にせり出したような岬に位置する公園からは、太平洋や久高島を見ることができる。朝日の名所としても知られる穴場的なスポット。

所南城市知念久手堅 時見学自由 交南風原北ICから約16km P無料

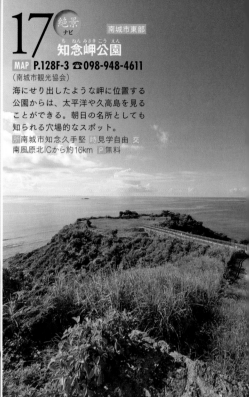

18 絶景ナビ

南城市東部

南城美術館

MAP P.128E-3 ☎098-975-7616

自然と融合する日本最南端の絶景の美術館。世界遺産に登録されている「斎場御嶽」と同じ山に位置し、国内外のアートを満喫できる。

所南城市知念安座真865 時10:00～17:00 休火曜 料1000円 交南風原北ICから約7km Pあり

南部 ［絶景名所ナビ］

▌買うだけじゃない！

工房を見学

1300℃の窯とガラス職人の技を、間近に見ることができる

ワークショップ体験

シーサー絵付けなどの沖縄工芸ができる体験教室もある

ショップで買い物

色彩あふれる2000以上のガラス製品を販売している

19 絶景ナビ

糸満

琉球ガラス村

MAP P.129B-3 ☎098-997-4784

琉球ガラスの製作工程を見学できる工房。直営ショップのほか、15種類以上の沖縄工芸が体験できるワークショップも充実している。

所糸満市福地169 時10:00～17:30 休無休 交名嘉地ICから約12km Pあり

21 旧海軍司令部壕

絶景ナビ 豊見城

MAP P.27C-3 ☎098-850-4055

旧日本海軍によって掘られた司令部壕が沖縄戦当時のまま残る貴重な場所。300mが一般公開されている。

所 豊見城市豊見城236 時 9:00～16:30 休 無休 料 600円 交 豊見城・名嘉地ICから約3km P あり

20 アトリエ＋ショップ COCOCO

絶景ナビ 南城市南部

MAP P.128D-2 ☎090-8298-4901

作家・ヨコイマサシさんの直営販売ショップ。マグカップは2000円～。陶芸体験は休止中。

所 南城市玉城當山124 時 11:00～17:00頃（併設カフェも同様）休 不定休 交 南風原南ICから約8km P あり

23 名城集落

絶景ナビ 糸満

MAP P.129B-3 （糸満市観光・スポーツ振興課）☎098-840-8135

沖縄の昔ながらの風景が今も残る集落。細道を抜けると、目の前には広大な海が広がっている。

所 糸満市名城 時 見学自由 交 名嘉地ICから約10km P なし

22 オリオンECO美らSUNビーチ

絶景ナビ 豊見城

MAP P.129A-1 ☎098-850-1139

全長700mの人工ビーチ。マリンスポーツを楽しめるほか、ビーチサッカーやビーチバレーのコートも完備。

所 豊見城市豊崎5-1 時 9:00～18:00（7～8月は～19:00）休 期間中無休（遊泳期間は4月上旬～10月末）交 豊見城・名嘉地ICから約4km P あり（有料）

25 喜屋武岬

絶景ナビ 糸満

MAP P.129B-3 （糸満市観光・スポーツ振興）☎098-840-8135

目の前には青い海と水平線が180度広がり、地球が丸いことを実感できる。慰霊碑「平和の塔」が有名。

所 糸満市字喜屋武 時 見学自由 交 名嘉地ICから約14km P あり

24 大度浜海岸

絶景ナビ 糸満

MAP P.129C-3 （糸満市観光・スポーツ振興課）☎098-840-8135

さまざまな魚が見られるダイビングスポット。干潮時にはサンゴ礁が現われる。ウミガメの産卵地でもある。

所 糸満市大度243 時 見学自由 交 名嘉地ICから約14km P あり（有料）

名物 名品

織物

豊かな自然の恵みを
一つの布に織り込む

**マース袋
パワーストーン付**
1875円
沖縄の聖地で清めたマース
（塩）が入っている。お守り代
わりに持ち歩きたい

沖縄の染織文化の起源は、15～16世紀頃。交易のあった、中国の「紋織」と東南アジアの「絣」が融合し、多くの技法が誕生した。さらに、沖縄の気候風土に育まれた芭蕉などの繊維植物や、染料にフクギなどの亜熱帯植物が使用され、独自性を加え発展していく。多彩な技法の中でも、花倉織や道屯織は、格式高い織物であったとされる。

王家や氏族の女性たちによって、大切に織り継がれた首里織は、王府の解体や戦争により衰退し、一時途絶えてしまう。戦後の混乱を経て、現在も続く染め織りは十数種。わずかな資料をもとに、数ある技法の中から少しずつ復元を果たしてきた。

現在は多様化するニーズに対応するため、伝統の優れた技法を活用しながら、機能性やデザイン性のある商品や新たな用途の開発など、さまざまな取組みが行われている。

戦後、幻とまで呼ばれた技法は、歴史を紡いだ多くの女性たちの想いとともに、これからも大切に織り継がれてゆくだろう。

【代表的な織物の種類】

首里織
首里の絣織の総称で、王朝風の洗練された様式

ミンサー
5と4の絣に「"いつのよ"までも末永く…」の想いが

芭蕉布
糸芭蕉から採取した繊維を使用して織られた布

花織
縞の中に可憐な小花模様を浮き織りにしたもの

🏠 **マース袋の購入は工房で**

南部

機織工房しよん ▶P.142,153
（はた おり こう ぼう）

MAP P.129C-2 ☎098-996-1770

所 八重瀬町仲座72 時 9:00～17:00 休 木曜 交 南風原南ICから約9km P あり

【工程】

3 織り
足元にある踏み木を踏み、たて糸によこ糸を通して織り込む

2 糸巻き
乾いた糸を木枠に巻き、たて糸の長さ・巾をそろえていく

1 糸の染色・糊付け
糸を植物染料や化学染料で染色し、たて糸に糊をつける

旅 ×物語

story & history

本島南部、聖地を巡る旅

琉球神話を訪ねる
聖地巡礼の旅「東御廻り」へ
（あがりうまーい）

沖縄には、琉球の創世神話と王朝の成立をたどる祈りのルートが存在する。聖地を回り、琉球の精神文化を肌で感じよう。

琉球創世の神を感じ 祈りの心に触れる

東の海の彼方、理想郷「ニライカナイ」からやってきた創造神・アマミキヨによって創られたとされる琉球。「東御廻り」は、アマミキヨが琉球へ渡来して住みついたと伝えられる霊地や、琉球王国の成立に関する御嶽など、14の聖地を巡拝することを指す。その起源は国王の巡礼にあるとされ、王国の繁栄と五穀豊穣を祈願する行事として始められ、200年以上も続けられた。

聖地といっても、そこにあるのは岩や樹木、清らかな水の流れだけである。だが、キラキラと差し込む光やそこに漂う空気に、神聖な力を感じずにはいられない。沖縄の人々の、祈りの心に触れてみよう。

琉球の神と国王に まつわる14の聖地

世界遺産の聖地、斎場御嶽

東御廻りのコースは右記のように、王家の拝所とされた「園比屋武御嶽石門」を開始地点とし、アマミキヨや天女、太陽神にまつわる霊地や琉球王国成立に関わる聖地を巡る。「斎場御嶽」は、琉球開闢七御嶽の一つで、東御廻り最高の聖地とされる。アマミキヨが築いた沖縄最古のグスク「玉城グスク」に訪れ、美しい神話の旅を締めくくろう。

ニライカナイへ通じると伝わる、玉城グスクの城門

東御廻りコース

1 園比屋武御嶽石門（そのひゃんたきいしもん）
MAP P.26E-3

2 御殿山（うどぅんやま）
MAP P.5B-3

3 親川（うえぇがー）
MAP P.5B-3

4 場天御嶽（ばてんうたき）
MAP P.128E-1

5 佐敷上グスク（さしきうい）
MAP P.128E-1

6 テダ御川（うっかー）
MAP P.128F-1

7 斎場御嶽（せーふぁうたき）
MAP P.128F-3 ▶P.136

8 知念グスク（ちねん）
MAP P.128F-1

9 知念大川（ちねんうっかー）
MAP P.128F-1

10 受水・走水（うきんじゅ・はいじゅ）
MAP P.128E-2

11 ヤハラヅカサ
MAP P.128E-2

12 浜川御嶽（はまがーうたき）
MAP P.128E-2

13 ミントングスク
MAP P.128E-2

14 玉城グスク（たまぐすく）
MAP P.128E-2

SHOPPING GUIDE

沖縄で買う

角皿（小）
2300円
食卓を楽しく彩る汎用
性の高い角皿 **A**

4寸マカイ
2750円
爽やかな色合いのモダ
ンなドットの碗 **A**

正方皿（小）
2300円
美ら海を思わせるベ
ルシャンブルー **A**

中部

A 一翠窯（いっ すい がま）

MAP P.53A-1
☎098-958-0739
所読谷村長浜18 時
9:00〜17:00 休無休
交石川ICから約10km
Pあり

魅力

ぽってりと厚みある造形で
力強いデザインが特徴の
伝統的やちむん。若手作家に
よるモダンなデザインにも注目。

沖縄の自然を映した
器たちに一目ぼれ

🏠 **そのほかのやちむんショップ**

●読谷山焼 北窯売店 ▶P.69 ●Craft・Gift
●ギャラリー山田 ▶P.69　ヤッチとムーン ▶P.44
●常秀工房内ギャラリー
　うつわ家 ▶P.69

中部

B 工房
ことりの（こう ぼう）

MAP P.53C-2
☎098-974-9260
所うるま市高江洲974-1
2F 時9:00〜17:00 休
不定休（要事前連絡）
交沖縄北ICから約4km
Pあり

プレート（直径約15cm）
2420円
大空を飛ぶことりが描
かれている **B**

マグカップ
2970円
ほっこりとぬくもり感じ
るデザイン **B**

生活に馴染むおしゃれな作品

マグカップ
4180円
下絵なしで絵付
けされたシンプ
ルなカップ **C**

フリーカップ
3190円
伝統的な菊紋柄をあし
らった青釉のカップ **C**

プレート
2750円
薄づくりでかさばらない
薄さが魅力 **C**

那覇

C guma guwa（グマー グワー）

MAP P.28E-3
☎098-911-5361
所那覇市壺屋1-16-
21 時10:00〜18:00
（季節により異なる）
休1月1・2日 交ゆい
レール牧志駅から徒
歩約9分 Pなし

▶P.44

中部

D&DEPARTMENT
ディ アンド デパートメント
OKINAWA
オキナワ
by PLAZA3
バイ プラザスリー

MAP P.53B-2
☎098-894-2112
所沖縄市久保田3-1-
12 時11.00〜19:00 休
火・水曜 交北中城IC
から約3km Pあり

D

勝入しやすい価格設定も魅力

豆鉢・ふち有り豆皿
各880円〜
華やかな「O紋」(左)と
「コバルト」(右)の2種。
コバルトは980円 D

マグカップハンドル
各3080円
石垣島の土やヤシの木
の灰を使用した器 D

自分だけの
特別な器を
探しに。

やちむんの

那覇

E miyagiya
ミヤギヤ

MAP P.29C-3
☎098-869-1426
所那覇市松尾2-19-
39/2-12-22 時12:
00〜18:00 休火・水
曜 交ゆいレール牧
志駅から徒歩約11分
Pなし

4寸マカイ
2090円
力強いダイナミ
ックな柄が個性
的な碗 E

タラフー
3850円
どっしりと存在感のあ
る伝統的な形状 E

5寸皿
2090円
点打ちと呼ばれる伝統
技法で造られる E

伝統的ながら優しい風合い

逸品が集まる店で
一期一会の出合いを

那覇

F tituti
ティトゥティ
OKINAWAN
オキナワン
CRAFT
クラフト

MAP P.28D-2
☎098-862-8184
所那覇市牧志3-6-37
時9:30〜17:30 休火
曜 交ゆいレール牧
志駅から徒歩約10
分 Pなし

トールカップ
各2970円〜
上品で色彩豊かな器は
陶芸作家の金城有美子
氏ならでは F

151

ブックカバー
各3960円
ブーゲンビリア柄。文庫
本や手帳のカバーに **A**

沖縄の白然色が香る布。

紅型で華やぐ

（びんがた）

琉球時代、女性の礼装や神事の際の正装として
染められた紅型。独特の色彩が沖縄らしい。

せんす
各1万2000円
沖縄の月桃紙を
染め上げた、品
のある京扇子 **A**

海を漂う涼しげなデザイン

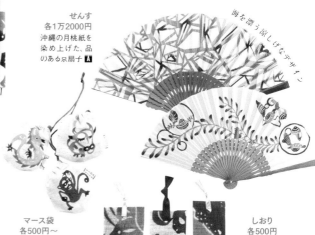

琉球王国時代から
受け継がれる伝統の染物

ボトルバッグ
各3500円
古典柄またはオリジナ
ル柄をお好みで **B**

マース袋
各500円〜
沖縄のモチーフを
キャラクターにし
たお守り **B**

しおり
各500円
南国の花やサン「
など沖縄の自然が
描かれた柄 **A**

布小物。
沖縄らしさを忘れない

テキスタイルの
雑貨に遊ぶ

沖縄らしい鮮やかなデザインは、旅から帰った後も、
ハッピーな気持ちにさせてくれる。

沖縄モチーフを
モダンにアレンジ

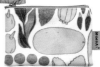

キーケース
各2200円
沖縄のフルーツ
や野菜をデザイ
ンした人気柄 **C**

かわいいカラフル手ぬぐい

てぬぐい
1650円〜
手作業で色を重ね
ていく手捺染の技
法で作られた手ぬ
ぐい **D**

ミニバッグ
各4290円
持ち歩くのが楽し
いポップな柄。普
段使いに **C**

C MIMURI
（ミムリ）
MAP P.29C-2 ☎050-1122-4516
所那覇市松尾2-7-8 時
10:30〜18:00（金・土
曜は〜19:00）休無休
（SNSにて要確認）交
ゆいレール牧志駅から
徒歩約11分 **P**なし

那覇

B TIDAMOON 長山びんがた
（ティダムーン）（ながやま）
MAP P.128E-1 ☎098-947-6158
所南城市佐敷手登根37
時11:00〜15:00、18:30
〜22:00（バータイムは
金・土曜のみ）休水・木
曜 交南風原北ICから約
10km **P**あり

南部

A カタチキ ▶P.49
MAP P.26F-3 ☎098-911-8604
所那覇市首里崎山
町4-1 時10:00〜
16:00 休日曜・祝日
（火〜木曜は要問
い合わせ）交ゆい
レール首里駅から
徒歩約10分 **P**な
し

那覇

マース袋パワーストーン付
各1815円
東御廻り巡拝で清
めた塩を封入した
お守り E

カワイイ小物で持ち歩く

伝統香る織物も

琉球の歴史という糸を紡ぐ。

大人こそ織物を

織物の宝庫である沖縄には、数十種の技法が
伝えられる。手仕事の温かみある作品に触れよう。

手染め・手織りのここだけの一点もの

グーシ花織
名刺入れ
3630円
竹串を用いて紋様を織
り出す技法 E

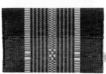

ロートン織
名刺入れ
3080円
段に浮かせた立体感の
ある凛とした織物 E

グーシ花織
名刺入れ
3630円
カラフルな色使いが魅
力的 E

数珠入れ（大）
4730円
落ち着いた絣模様
に鳥が空を泳ぐデ
ザイン E

琉球ガラスの愉悦

涼を呼ぶガラスを手に。

青い海や、鮮やかな自然を想わせる。旅の思い出を輝くガラスに込めて。

しろ泡グラス
各1430円
細かな泡がたくさ
ん入ったやわらか
な風合い F

素朴な風合い

廃ビンを使った

琉球ガラス　持ちやすく計算された
各3190円　独自の形状→P.151の E

美しいカーブが手にぴったり馴染む

つぶコップMix
各1760円
輝く青と中の気泡
が沖縄の海を彷彿
とさせる F

F 琉球ガラス工房 glacitta'
グラチッタ
MAP P.54E-3 ☎098-966-8240
所 恩納村恩納63
47 時11:00～17:30
頃 休不定休 交屋
嘉ICから約4.5km
P あり

中部

E 機織工房 しよん ▶P.142,147
はたおりこうぼう
MAP P.129C-2 ☎098-996-1770
所 八重瀬町仲座72
時9:00～17:00 休
木曜 交南風原南
ICから約9km P
り

南部

D Doucatty
ドゥカティ
MAP P.128E-1 ☎098-988-0669
所 南城市佐敷新里
740-1 時9:00～
16:30 休日・月曜
交南風原北ICから
約6km P あり

南部

元祖紅いもタルト
918円（6個入り）
定番品。沖縄県産の紅
イモを100％使用 **B**

新垣ちんすこう
745円（10袋入り）
琉球時代の技術を受け
継ぐ元祖の味 **A**

35 ちんすこう
993円（30個入り）
サンゴを使って焙
煎したほろ苦いコー
ヒー入り **A**

小鳥の見た目や包装もキュート

しあわせはこぶ
とりサブレ
541円（3枚入り）
さくさくタルト生地をサ
ブレ仕立てに **F**

旅の
お供は
絶品おやつ。

沖縄おやつの誘惑

伝統系から
流行モノまで
食べ尽くし！

ヒラミーレモンケーキ
1350円（5個入り）
シークヮーサーの効い
たふんわりケーキ **F**

冬瓜漬けアソート
1900円（5個入り）
謝花きっぱん店
のみ製造の伝統
銘菓冬瓜漬け **E**

元祖パイナップル
かすてら
1684円（1本入り）
ドライパインがトッ
ピングされた、人気
のカステラ **G**

サーターアンダギー
100円（1個）
数種類の味の中から選
んで購入可能 **C**

クンペン（大）
110円（1個）
さっくり生地の中
にピーナッツ餡が
たっぷり **D**

クニガミドーナツ
216円（1個）
素材にこだわった地域
おこしの代表作 **H**

ちょっと気の利いたおみやげにも、旅のお供のおやつにも。伝統＆話題のスイーツがこちら。

154

石垣の塩 焼塩
378円
石垣島の海水を100%
使用した焼き塩 **A**

A1ソース
428円（税別）
沖縄ステーキハウスお
なじみのソース **A**

自分みやげや
バラマキみやげに
最適！

旅先での思い出の味、
沖縄の地元食文化を家庭でも

こーれーぐーす
475円（税別）
島トウガラシを泡盛に
漬け込んだ調味料 **A**

石垣島ラー油
1100円
県産のウコンや黒糖、
島トウガラシ入り **B**

35COFFEE アイランドスペシャル粉
1200円
サンゴでコーヒー豆を
焙煎。沖縄限定品 **B**

くすみそ
864円
ピリ辛が特徴的な沖縄
伝統の発酵食品 **B**

ルートビア
118円（税別）
アメリカ生まれのハーブ
入り炭酸飲料 **A**

オリオン ザ・ドラフト
236円
50年以上の歴史を持
つ爽やかな地ビール **B**

味亀
185円
ついつい手がのびる、
甘じょっぱい醤油味 **B**

オキコラーメン
138円（4袋入り・税別）
かわいいパッケージで
愛され続ける即席麺 **A**

スッパイマン梅一番
540円
クエン酸豊富な乾燥
梅。沖縄定番のおやつ **B**

黒糖
各258円（税別）
鮮度のいいサトウキビ
で作られた黒糖 **A**

魅惑の
グルメ
を選ぶ。

絶品食みやげ

旅先で食べた沖縄料理に欠かせない独特の調味料は、地元スーパーへ。
地元民なじみのおやつや飲料品はおみやげにも喜ばれそう。

A サンエー那覇メインプレイス
MAP P.26 D-1 ☎098-951-3300
所那覇市おもろまち4-4-9 時9:00～22:
00（食品館は～23:00）休無休 交ゆい
レールおもろまち駅から徒歩約6分 Ｐ
あり

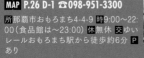

那覇

B わしたショップ 国際通り店
MAP P.29 B-2 ☎098-864-0555
所那覇市久茂地3-2-22 JAドリーム館1F
時9:00～22:00 休無休 交ゆいレール県
庁前駅から徒歩約4分 Ｐあり（契約駐
車場）

▶P.42

那覇

お気に入りの一本を探すならプロのいる店へ！

伝統を醸す沖縄の地酒。

泡盛で一杯。

独特の伝統的な味から、まろやかな飲み口のものまで味わいはさまざま。南国の美酒を自宅で味わおう。

琉球泡盛 城 5年古酒
6280円
フルーティーな香りとシャープな味わいが特徴 **A**

沖縄限定梅酒
1580円
シークヮーサー入りの泡盛仕込み **A**

泡盛蔵 樽貯蔵
2980円
樫樽酒の香りが特徴的。飲みやすい古酒 **A**

老麹泡盛
4480円
芳醇な香りのおきなわ屋限定3年古酒 **A**

瑞泉25年古酒
5万円
25年かけて熟成された250本限定酒 **A**

松藤2005秘蔵古酒
3900円
金武町の老舗崎山酒造廠の秘蔵古酒 **B**

むかし造り 萬虎2022
2650円
おじいたちが若き頃飲んだ味を再現。限定酒 **B**

こいしぐれ
3300円
識名酒造の無濾過原酒。力強く深い味わい **B**

美ら島の護り2021
2400円
陸上自衛隊限定の泡盛。琉夏でのみ販売 **B**
※限定酒は生産終了する場合あり

A おきなわ屋本店
MAP P.29C-2 ☎098-860-7848
所 那覇市牧志1-2-31 時 9:30〜22:00
休 無休 交 ゆいレール美栄橋駅から徒歩約9分 P あり

B 泡盛之店 琉夏 サンライズ店
MAP P.28D-3 ☎090-4033-9262
所 那覇市牧志3-4-14 時 15:00〜21:00
休 不定休 交 ゆいレール牧志駅から徒歩約10分 P なし

156

AREA
GUIDE

慶良間諸島

け ら ま

那覇から慶良間諸島へのアクセス
周辺スポットへのアクセス

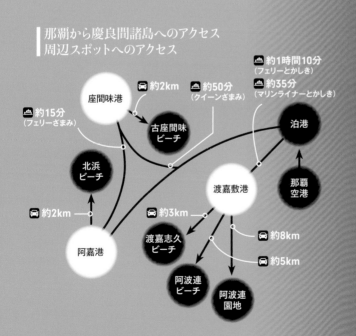

🚢 約1時間10分
（フェリーとかしき）

🚢 約35分
（マリンライナーとかしき）

🚢 約50分
（クイーンざまみ）

🚗 約2km

🚢 約15分
（フェリーさまみ）

座間味港

古座間味
ビーチ

泊港

那覇
空港

北浜
ビーチ

渡嘉敷港

🚗 約2km

🚗 約3km

🚗 約8km

🚗 約5km

阿嘉港

渡嘉志久
ビーチ

阿波連
ビーチ

阿波連
園地

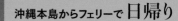

沖縄本島からフェリーで**日帰り**

渡嘉敷島
（とかしきじま）

那覇から
35分

🚢 高速船ぐ

驚くほど透明なケラマブルーを求めて

那覇から高速船に揺られることわずか35分。世界中が恋し、ケラマブルーと称される真っ青な海に出合うことができる。国立公園に指定されている慶良間諸島の中でも、最も大きい渡嘉敷島周辺の海の透明度は50〜60ｍと驚異的だ。西海岸にある二大ビーチで、美しい海を堪能しよう。

---

1 絶景ナビ

慶良間諸島

渡嘉志久ビーチ

MAP P.105B-1 ☎098-987-2333
（渡嘉敷村観光産業課）

比較的人が少なく、静かな雰囲気のビーチ。三日月形の地形で、波が穏やかで泳ぎやすい。緑地が隣接しており、木陰でゆったりと過ごせる。📍渡嘉敷村渡嘉敷 遊泳自由 🚌渡嘉敷港から約3km、Ｐあり

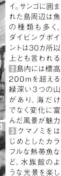

島歩きナビ

1 移動はフェリーの時間に合った便利な乗合バスを
フェリーや高速船の発着時間に合わせたバス（400円）がおすすめ

2 現地ツアーを賢く利用すれば移動も楽々
ビーチ間の送迎、シャワー・更衣室利用料を含んだ海水浴プランも

渡嘉敷島
（とかしきじま）

MAP P.105B-1 ☎098-987-2333
（渡嘉敷村観光産業課）

📍渡嘉敷村 🚢泊港からフェリー（フェリーとかしき）で約1時間10分／1690円（片道）、高速船（マリンライナーとかしき）で約40分／2530円（片道）

1 サンゴに群がるデバスズメダイ。サンゴに囲まれた島周辺は魚の種類も多く、ダイビングポイントは30カ所以上とも言われる **2** 島内には標高200ｍを超える緑深い3つの山があり、海だけでなく変化に富んだ風景が魅力 **3** クマノミをはじめとしたカラフルな熱帯魚など、水族館のような光景を楽しむことができる

158

2 絶景ナビ

慶良間諸島

阿波連ビーチ
（あはれん）

MAP P.105B-1 ☎098-987-2333
（渡嘉敷村観光産業課）

ショップやアクティビティが充実した島のメインビーチ。美しい弧を描いた真っ白な砂浜が800m続く。

所 渡嘉敷村阿波連 時 遊泳自由 交 渡嘉敷港から約5km P あり

【買う】

島産品の店 島むん
（しまさんぴん みせ しまむん）

MAP P.105B-1
☎098-987-3308

完熟パパイヤ＆シークヮーサージャム740円

島産の新鮮な果実のみを使った加工製品を販売。無着色・無香料の完全手作りで、果実の自然本来の旨みが味わえる。

所 渡嘉敷村 渡嘉敷港旅客ターミナル内 時 9:00〜10:00、14:30〜17:00（船便出航時間帯のみ営業、欠航の場合休業）休 不定休 交 渡嘉敷港からすぐ P あり

【食べる】

レストラン『abisso』
（アビッソ）

MAP P.105B-1
☎098-987-3477

カヌーおむれつ 1200円

沖縄食材を使ったコース料理や、種類豊富なランチが楽しめる。島産のモズクやアオサたっぷりのオムレツが人気。

所 渡嘉敷村阿波連103 ケラマテラス内 時 12:00〜14:30（宿泊者のみの入店制限になる場合あり。要事前確認）休 無休 交 渡嘉敷港から約5km P あり

【遊ぶ】

シーフレンド

MAP P.105B-1
☎098-987-2836

阿波連ビーチ目の前のダイビングショップ。宿泊施設及び、レストランを備えており、トータルで楽しむことができる。

所 渡嘉敷村阿波連155 時 8:00〜20:00 休 無休 料 ボート体験ダイビングツアー1万670円〜 交 渡嘉敷港から約5km P あり

【見どころ】

阿波連園地
（あはれんえんち）

MAP P.105B-2
☎098-987-2333
（渡嘉敷村観光産業課）

島の南端にある絶景スポット。展望台からは慶良間諸島を一望にでき、3〜6月にケラマツツジが見頃を迎える。

所 渡嘉敷村阿波連 時 見学自由 交 渡嘉敷港から約8km P あり

座間味島
（ざまみじま）

那覇から
50分
🚢 高速船で

島歩きナビ

1 体力に合わせて
村営バスを上手に活用！

港から2つのビーチはともに徒歩
20分ほど。村営バスを活用して

2 アクティブ派の移動は
バイクや電動自転車で！

起伏の激しい島内。近い距離でも、
夏の徒歩移動は苦しいことも

3 絶景ナビ
慶良間諸島
古座間味ビーチ
（ふるざまみ）

MAP P.105A-1 ☎098-987-2277
（座間味村観光協会）

周辺海域はウミガメの産卵地で、ダイビングやシュノーケリングスポットとしても人気のビーチ。約1kmに及ぶ真っ白な砂浜が、優雅な曲線を描く。

所座間味村座間味 時遊泳自由 交座間味港から約2km Pあり

座間味島
（ざまみじま）

MAP P.105A-1 ☎098-987-2277
（座間味村観光協会）

所座間味村座間味 交泊港からフェリー（フェリーざまみ）で約2時間／2150円（片道）、高速船（クイーンざまみ）で約50〜70分／3200円（片道）

1 座間味島沖には3つの無人島があり、シーカヤックやSUP（スタンドアップパドル）、ボートで巡るツアーが楽しめる **2** 波打ち際から数mで深くなっている古座間味ビーチ。ウミガメが訪れることもあり、5〜8月にはシュノーケリングの際に一緒に泳げることも

冬の美ら海に跳ぶ
巨大クジラに逢いに

シベリア海域生息のザトウクジラは、冬になると約1万kmにも及ぶ航海を経て、暖かい沖縄の海を訪れる。座間味島近海での遭遇率は9割以上と、かなりの高確率だ。地球上最大級の哺乳類であるザトウクジラの圧倒的な迫力を目の前に、アトラクションにも近い興奮を味わえるだろう。

絶景ナビ

慶良間諸島

4 ホエールウォッチング

MAP P.105A-1 ☎080-8370-1084
（座間味村ホエールウォッチング協会）

スタッフが島の展望台からクジラの位置を確認し、ボートと連携をとるため、高確率でクジラと遭遇できる。美しい海の船旅も楽しもう。

所座間味村座間味地先 時8:00～17:00 休期間中無休（1月上旬～3月末）料ホエールウォッチングツアー6600円 交座間味港から徒歩約1分 Pあり

慶良間諸島 [日帰り旅]

【買う】

ざまみむん市場

MAP P.105A-1
☎070-5536-3934

もずくカレー
540円

"「ざまみ」の「もの＝（むん）」の市場"を意味し、島人が作った食品や雑貨などのオリジナル商品を扱う手作りの売店。

所座間味村座間味地先1-1 座間味港旅客ターミナル内 時9:00～17:00 休不定休 交座間味港から徒歩約1分 Pあり

【遊ぶ】♪

ケラマカヤックセンター

MAP P.105A-1
☎070-6488-7013

慶良間諸島近海を熟知したガイドが案内する、シーカヤックショップ。ウミガメとのシュノーケリングも人気。

所座間味村座間味125-2 時9:00～18:00（10～5月は～17:30）休不定休 料ワンデーツアー1万2500円、23年7月1日から1万2650円 交座間味港から徒歩約4分 Pなし

【見どころ】

ウナジノサチ展望台

MAP P.105A-1
☎098-987-2277
（座間味村観光協会）

島の北西端にある絶景スポット。水平線に沈む夕日が美しいことから、別名"夕陽の展望台"とも呼ばれる。

所座間味村座間味 時見学自由 交座間味港から約3.3km Pあり

阿真ビーチ

MAP P.105A-1
☎098-987-2277
（座間味村観光協会）

波静かな透明度抜群のビーチ。満潮時には、浅瀬に生える海藻を食べに訪れた野生のウミガメに出合えることも。

所座間味村阿真 時遊泳自由 交座間味港から約1.5km Pあり

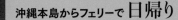

5 絶景ナビ

慶良間諸島

北浜ビーチ（にしばま）

MAP P.105A-1 ☎098-987-2277

（座間味村観光協会）

白砂が約1kmも続く天然ビーチ。透明度が高く、シュノーケリングに最適。ビーチ近くにはパーラーがあり、夏にはビーチグッズのレンタルも可能だ。

所 座間味村阿嘉 **時** 9:00～17:00 **交** 阿嘉港から約2km **P** あり

阿嘉島（あかじま）

那覇から
50分
🚢 高速船で

島歩きナビ

1 徒歩だけでも楽しめるコンパクトな島

港から徒歩圏内に、ビーチや展望台、マリンハウスなどが集まる。

2 レンタサイクルやバイクで移動も楽しく

島中を楽しみたいアクティブ派には、自転車やバイクがおすすめ。

阿嘉島（あかじま）

MAP P.105A-1 ☎098-987-2277

（座間味村観光協会）

所 座間味村阿嘉 **交** 泊港からフェリー（フェリーざまみ）で約1時間30分／2150円（片道）、高速船（クイーンざまみ）で約50分／3200円（片道）

純真無垢な自然に清められる心の旅

周囲12kmほどの小さな島ながら、世界中のダイバーが集まるダイビング天国・阿嘉島。人口わずか300人ののどかな島のムードも、訪れた旅人が再来せずにはいられなくなる理由だ。島のほとんどは山林に覆われ、美しいビーチは自然のままの姿を残している。

1 自生は絶滅危惧種となっているケラマツツジ。道沿いに植栽された株の花は春先から咲き出す **2** 島内を散策するとしばしば遭遇する天然記念物のケラマジカ **3** 島にあるニシバマビーチは、豊かな自然の景観が残る100％天然もの

6 絶景ナビ

慶良間諸島

天城展望台（あまぐすくてんぼうだい）

MAP P.105A-1 ☎098-987-2277
（座間味村観光協会）

阿嘉の集落や独特の形状をしたサクバルの奇岩群、慶留間島、阿嘉大橋などが一望できる。島の西南に位置し、美しい夕日スポットとして知られる。

所座間味村阿嘉 時見学自由 交阿嘉港から約1km Pあり

慶良間諸島［日帰り旅］

【遊ぶ】

マリンハウス シーサー 阿嘉島店（あかしまてん）

MAP P.105A-1
☎0120-10-2737

体験ダイビングが人気メニューのダイビングショップ。レストランとペンションも併設。

所座間味村阿嘉162 時8:00〜18:00（冬期休業あり） 休無休 料体験ダイビング1万円〜（時期により異なる） 交阿嘉港から約0.5km Pなし

阿嘉大橋（あかおおはし）

MAP P.105A-1
☎098-987-2277
（座間味村観光協会）

阿嘉島と慶留間島を結ぶ橋。海中を泳ぐウミガメや慶良間の島々を見られる絶景ポイント。自転車や徒歩で渡ってみよう。

所座間味村阿嘉 時見学自由 交阿嘉港から約0.5km

【見どころ】

沖縄県重要文化財 高良家（たからけ）

MAP P.105A-1
☎098-987-2153
（座間味村教育委員会）

阿嘉島から橋で渡れる慶留間島にある、船頭主屋と呼ばれる旧家。琉球王朝末期に建築された琉球伝統家屋が見事。

所座間味村慶留間62 時9:00〜17:00 休月曜 料310円 交阿嘉港から約2.5km Pなし

さんごゆんたく館（かん）

MAP P.105A-1
☎098-987-3535

サンゴの展示を行うビジターセンター。阿嘉島の観光案内のほか、カフェスペースもあり。

所座間味村阿嘉936-2 時9:00〜17:00（11〜3月は〜16:00） 休無休 交阿嘉港から約0.2km Pなし

バッチリ 😊 注意 へ で簡単！お得で便利に！

コレだけ
押さえれば大丈夫！

沖縄 交通インフォメーション

バッチリ 😊 1万円以下が狙い目！
LCC（ローコストキャリア）を利用

シーズンにもよるが、ピーチなどのLCCなら、片道1万円以下で航空券を予約できることも！

注意 へ 振り替えできないなど デメリットもある

欠航の際に振り替えができない、手荷物の預け入れや座席の指定が別料金になるなど、値段が安い半面、不便な一面もある。

沖縄へのフライト

沖縄への直行便は、全国各地から就航している。航空券やツアーをお得に予約するコツをご紹介。

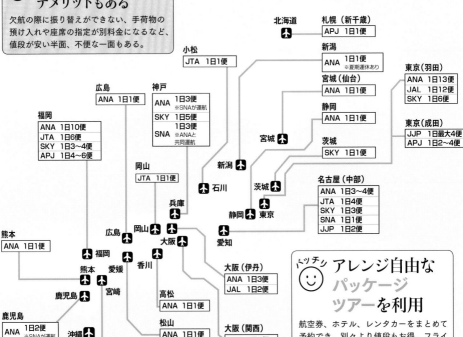

北海道 ✈	札幌（新千歳）	
	APJ	1日1便

	新潟	
	ANA	1日1便 ※夏期運休あり

	宮城（仙台）	
	ANA	1日1便

	東京（羽田）	
	ANA	1日13便
	JAL	1日12便
	SKY	1日6便

小松		
JTA	1日1便	

広島		
ANA	1日1便	

神戸		
ANA	1日3便 ※SNAが運航	
SKY	1日5便	
SNA	1日3便 ※ANAと共同運航	

	静岡	
	ANA	1日1便

福岡		
ANA	1日10便	
JTA	1日6便	
SKY	1日3～4便	
APJ	1日4～6便	

岡山		
JTA	1日1便	

宮城 ✈	茨城	
	SKY	1日1便

	東京（成田）	
	JJP	1日最大4便
	APJ	1日2～4便

新潟 ✈

石川 ✈

	名古屋（中部）	
	ANA	1日3～4便
	JTA	1日4便
	SKY	1日3便
	SNA	1日1便
	JJP	1日2便

兵庫 ✈

静岡 ✈ 東京

熊本

ANA	1日1便

広島 ✈ 岡山 ✈

大阪 ✈

福岡 ✈

熊本 ✈ 愛媛 ✈ 香川

鹿児島 ✈ 宮崎

愛知 ✈ 茨城 ✈

大阪（伊丹）		
ANA	1日3便	
JAL	1日2便	

バッチリ 😊 アレンジ自由な
パッケージ ツアーを利用

航空券、ホテル、レンタカーをまとめて予約でき、別々より値段もお得。フライトの時間やホテルは多数の選択肢がある。

楽天トラベル　travel.rakuten.co.jp
トラベルコ　www.tour.ne.jp
Yahoo!トラベル　travel.yahoo.co.jp

高松		
ANA	1日1便	

松山		
ANA	1日1便	

鹿児島		
ANA	1日2便 ※SNAが運航	
	1日2便	
SNA	1日1便 ※ANAと共同運航	

沖縄 ✈ 那覇空港

宮崎		
ANA	1日1便 ※SNAが運航	
SNA	1日1便 ※ANAと共同運航	

大阪（関西）		
ANA	1日4便	
JTA	1日3便	
JJP	1日2便	
APJ	1日5便	

注意 へ 人気の航空券やホテルを選ぶと追加料金が発生

往路は午前中、復路は夕方と、人気の時間帯のフライトには追加料金が発生。空席がなくなるので、早めの予約を。

主な航空会社

JAL	日本航空
JTA	日本トランスオーシャン航空
ANA	全日空
SKY	スカイマーク
SNA	ソラシドエア ※
JJP	ジェットスター・ジャパン ※
APJ	ピーチ ※

※はLCC

大人旅チョイス

早ければ早いほどお得な割引チケットも！

ANAの「旅割75」、JALの「ウルトラ先得」など、早い時期に予約をすると料金が安くなる航空会社の割引チケットがある。

【空港断面図】

ゆいレール那覇空港駅（直結）　出発ロビー　到着ロビー　レストランフロア

本館

立体駐車場　出発口通路　チェックインロビー　レストラン　ウエルカムホール　フィンガー

ゆいレール　駐車場　モノレール・駐車場連絡通路　出発ロビー　搭乗待合室

出発口通路　到着ロビー　手荷物受取所

到着口通路

空港に到着したら

沖縄の玄関口・那覇空港は、空港から島内各地への交通手段が充実。帰りはおみやげ選びやレストランを楽しもう。

那覇

那覇空港
（なはくうこう）

MAP P.27A-3 ☎098-840-1179（インフォメーション）
所那覇市鏡水150 Pあり（有料）

【到着ロビー】 1F

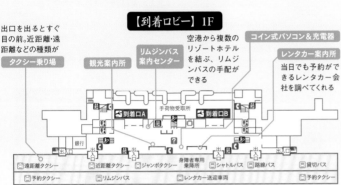

出口を出るとすぐ目の前。近距離・遠距離などの種類が
タクシー乗り場

観光案内所

リムジンバス案内センター
空港から複数のリゾートホテルを結ぶ、リムジンバスの手配ができる

コイン式パソコン＆充電器

レンタカー案内所
当日でも予約ができるレンタカー会社を調べてくれる

到着口A　到着口B　手荷物受取所

銀行

遠距離タクシー　近距離タクシー　ジャンボタクシー　身障者専用乗降所　シャトルバス　路線バス　貸切バス

予約タクシー　リムジンバス　レンタカー送迎車両　予約タクシー

ミッチリ 😊
フライト直前まで買い物＆地元ごはんOKなフロアをチェック

2階出発ロビーには、みやげショップが多数あり、人気店の支店もある。レストランは4階が充実している。

オススメ
A わしたショップ ▶P.42
B おきなわ屋 ▶P.156
C Jimmy's
D DFS那覇空港免税店

注意 ⚠
夜ごはんを食べるなら事前に確認を

夕食を空港内で食べる予定だと、20時頃に閉まるお店もあるため確認しよう。

【出発ロビー】 2F

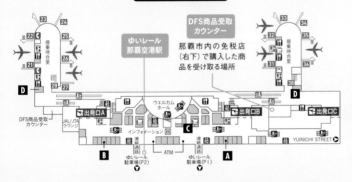

搭乗待合室

ゆいレール那覇空港駅

DFS商品受取カウンター
那覇市内の免税店（右下）で購入した商品を受け取る場所

DFS商品受取カウンター　JAL/JTAラウンジ

出発口A　ウエルカムホール　出発口B　出発口C

インフォメーション　YUINICHI STREET

B　A

ATM

ゆいレール駐車場（P2）　ゆいレール駐車場（P1）

ミッチリ 😊
空港から目的地までの移動手段が充実

モノレール駅が直結していたり、レンタカー会社が周辺に多数あるなど、すぐに出発できる。

詳しくは ▶P.166

注意 ⚠
事前の予約がないと待ち時間がかかるかも

レンタカーは事前に予約をするとスムーズ。待ち時間を少なくするためにも、事前予約は必須。

大人旅チョイス
国内旅行で唯一の免税ショッピング

化粧品やバッグなどのブランド品が免税価格で購入できる。商品は帰りに空港で受け取る。空港内にも免税店がある。

Tギャラリア沖縄 by DFS 那覇

MAP P.26D-1　所那覇市おもろまち4-1 時10:00〜20:00（季節・店舗により異なる）休無休 交ゆいレールおもろまち駅から徒歩約1分 Pあり

空港からのアクセス

主にこの4種類

浦添までなら	空港からすぐGo!	最も楽ちん	長距離もお得に
ゆいレール	レンタカー	タクシー	空港リムジンバス

そのほかの手段

シャトルタクシー

事前に予約すれば、空港から目的地まで定額で行ける。追加料金で寄り道できるなどのオプションも。

バッチリ　到着時間に合わせて迎えに来てくれるので待ち時間もなく便利

注意　専用の送迎車だけあり値段は高め。節約するならバスがお得

路線バス

95番（空港あしびなー線）、23番（具志川線）などの乗り場がある。名護まで行ける高速バスも。

バッチリ　那覇市内はバス路線が充実。北部まで行ける長距離バスもある

注意　停留所から近いかどうかが重要。重い荷物がある場合は不便

空港から島内各地への移動手段は主に左の4つ。目的地までの距離や予算に合わせて選ぼう。

ゆいレール

▶P.168

バッチリ　モノレールから那覇市内の景色も楽しめる

那覇～浦添市内を走る「ゆいレール」は空港からてだこ浦西駅までを結んでいる。運行本数も多く、市内の景色を楽しめる。

注意　行けるのは那覇～浦添のみ

範囲は那覇空港から浦添市のてだこ浦西駅まで。南部や北部を巡るならほかの手段が必要。

タクシー

▶P.170

注意　長距離の場合は渋滞にも注意

空港周辺や国道58号は渋滞することが多い。特に帰りはフライト時間に間に合うよう、時間には余裕を。

バッチリ　近場のホテルなら値段も手ごろで最も便利

初乗り560円。目的地までドアツードアで行ける最も便利な手段。目的地が遠いとその分割高なので、那覇市内など近場の際に便利。

空港リムジンバス

那覇空港（国内線→国際線）

エリア					
Aエリア（1日2便）	ラグナガーデンホテル 運賃 610円 所要 44分	ザ・ビーチタワー沖縄 運賃 810円 所要 1時間1分	ベッセルホテルカンパーナ沖縄 運賃 810円 所要 1時間5分	レクー沖縄北谷スパ&リゾート 運賃 810円 所要 1時間15分	
Bエリア（1日2便）	ホテルムーンビーチ 運賃 1530円 所要 1時間5分	ルネッサンスリゾート オキナワ 運賃 1530円 所要 1時間8分	ホテル日航アリビラ 運賃 1530円 所要 1時間33分	星のや沖縄 運賃 1530円 所要 1時間31分	
Cエリア（1日2便）	ホテルムーンビーチ 運賃 1530円 所要 1時間	ホテルモントレ沖縄 スパ&リゾート 運賃 1530円 所要 1時間4分	シェラトン沖縄サンマリーナリゾート 運賃 1630円 所要 1時間11分	リザンシーパークホテル谷茶ベイ 運賃 1630円 所要 1時間16分	ANAインターコンチネンタル万座ビーチリゾート 運賃 1730円 所要 1時間35分
CDエリア（1日2便）	ハレクラニ沖縄 運賃 2040円 所要 1時間54分	沖縄かりゆビーチリゾート・オーシャンスパ 運賃 2040円 所要 1時間58分	ザ・ブセナテラスビーチリゾート 運賃 2040円 所要 2時間5分	オリエンタルホテル沖縄 運賃 2140円 所要 2時間10分	かねひで喜瀬ビーチパレス 運賃 2240円 所要 2時間16分
DEエリア（1日2便）	名護バスターミナル 運賃 2240円 所要 2時間6分	記念公園前 運賃 2550円 所要 2時間36分	センチュリオンホテル 沖縄美ら海 運賃 2550円 所要 2時間39分	ホテル オリオンモトブ リゾート&スパ 運賃 2550円 所要 2時間48分	

※所要時間は目安を記載

バッチリ　県内の主要なホテルを巡るバスを賢く利用！

ホテルへのアクセスに便利。予約制で、発車オーライネットで乗車券の事前購入が可能。空席があれば空港内にある沖縄バスのカウンターで購入できる。

注意　運行時間を事前に確認しよう

運行時間と本数は決まっているので、時刻表で事前に確認を。

※便数・所要時間は下り線を記載。上記以外にも停留所があり。詳しくは空港リムジンバス案内センター（☎098-869-3301）に要問い合わせ。

ハッチリ

慣れていない土地での運転には 細心の注意を！

旅行者のレンタカーの事故が多い沖縄。せっかくの旅行を台無しにしないために、慣れない土地、慣れない車での運転は、安全第一を心がけよう。

注意 駐車場での事故が多い

車止めや縁石などに接触する駐車場での事故が多数。屋外の視界の悪い駐車場にも注意を。

注意 那覇中心部は渋滞が多い

空港周辺から市内中心部までの道、リゾートエリアへ続く国道58号が渋滞多発エリア。

注意 知らないと困惑する交通ルールがある

・バス専用レーン
渋滞しやすい道路には路線バス専用の車線があり、平日の朝夕は一般車両の通行を規制する。

・中央線が時間で変わる
通勤時間や帰宅時間などの交通量に合わせて変わる。「中央線変移区間始まり」の標識に注意。

注意 ガソリンスタンドやコンビニがない地域も

奥やんばるエリアや南部などのローカルなエリアに行く際はあらかじめ準備を。

レンタカーを借りる

1 事前予約

事前にウェブなどで予約しておけば車種も選べ、保険加入などの手続きもオンラインでできるので当日の手配がスムーズになる

または…
レンタカー案内所（P.165到着ロビー図参照）で当日手配も可能

2 営業所

空港の出口で待機するバスに乗って、営業所まで移動。どの会社も5〜10分ほどの近場がほとんど

3 受付

営業所に到着したら、受付で免許証を提示して手続きを。繁忙期は待ち時間が発生することもある

4 出発

レンタカーと対面したら、車体に傷がないかスタッフとともにチェック。不明点はこのとき確認を

5 返却

返却前に、近くのスタンドでガソリンを満タンに。空港までの送迎の時間を考えて早めに到着しよう

主なレンタカー会社

ニッポンレンタカー	☎0800-500-0919
トヨタレンタカー	☎0800-7000-111
日産レンタカー	☎0120-00-4123
OTSレンタカー	☎0120-34-3732
オリックスレンタカー	☎0120-30-5543

🚗 レンタカー

ハッチリ

事前予約でスムーズに手配！

レンタカー会社やツアー会社のHPから事前に予約が可能。空港近くの営業所で受け取れるのでスムーズ。
たびらいレンタカー　tabirai.net/car/
沖楽　oki-raku.net

注意 ハイシーズンは混雑しがち…

当日手配も可能だが、ハイシーズンは満車の可能性もあるので、予約が安心。

高速道路料金

那覇ICからの料金

IC	那覇からの料金
西原	210円
北中城	320円
沖縄南	420円
沖縄北	500円
石川	650円
屋嘉	700円
金武	780円
宜野座	900円
許田	1040円

※普通車の場合（2023年4月現在）

ハッチリ

ホテルへの配車、返却も可能！

たとえば中部のリゾートホテルに宿泊し、1日だけ車を使いたいときに、宿泊ホテルまで配車してくれるサービスがある。

注意 ホテルまでの交通手段を事前に確認

中部のリゾートホテルへは、空港リムジンバスかタクシー、路線バスで。ホテルが有料で送迎サービスを行っていることも。

大人旅チョイス

開放的なオープンカーをレンタル

「セレブレンタカー」では空港にリムジンで迎えに来てくれ、オープンカーや外車をレンタルできるサービスがある。ワンランク上の旅を体験してみては？
セレブレンタカー　☎0120-859-337

主にこの4種類

最も自由度が高い	那覇市内なら	長距離もOKの	賢く使いたい
レンタカー ▶P.167	ゆいレール ▶P.168	バス ▶P.169	タクシー ▶P.170

沖縄本島の移動手段は主に左の4つ。移動するエリアや目的、予算に合わせて移動手段を決めよう。

バッチリ ☺ たくさん乗るなら フリー乗車券がお得

期間中ゆいレールが乗り放題になるフリー乗車券がある。1日券は800円、2日券は1400円で、駅の券売機で購入できる。首里城公園では入場料が割引になるなどうれしい特典も。

・1日乗車券
発行されてから24時間有効

・2日乗車券
発行されてから48時間有効

那覇市内の上空を走る

1 ゆいレール

那覇市内を走るモノレール。繁華街にありがちな渋滞、駐車場探しのストレスがないのがうれしい。

注意 ⚠ 駅から離れた場所はタクシーを併用

首里などアップダウンのあるエリアや識名園などの駅から離れたスポットは駅からタクシーが便利。

バッチリ ☺ 路線バスとの共通券もあり

「バスモノパス」は、ゆいレールと那覇市内を走る那覇バスが1000円で1日乗り放題になる。

ゆいレール MAP

0 500 1000m
周辺MAP
MAP P.26-27

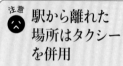

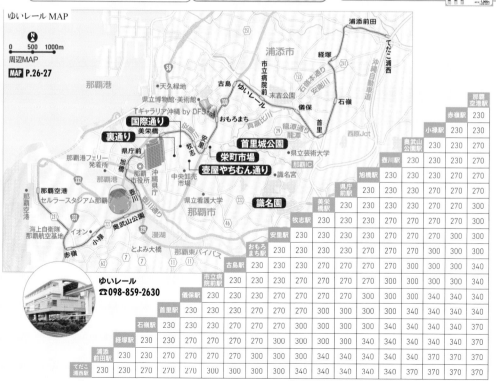

ゆいレール ☎098-859-2630

	浦添前田駅	経塚駅	石嶺駅	首里駅	儀保駅	市立病院前駅	古島駅	おもろまち駅	安里駅	牧志駅	美栄橋駅	県庁前駅	旭橋駅	壺川駅	奥武山公園駅	小禄駅	赤嶺駅	那覇空港駅
赤嶺駅																		230
小禄駅																	230	230
奥武山公園駅																230	230	270
壺川駅															230	230	230	270
旭橋駅														230	230	230	270	270
県庁前駅													230	230	230	270	270	270
美栄橋駅												230	230	230	270	270	270	300
牧志駅											230	230	230	270	270	270	300	300
安里駅										230	230	230	270	270	270	300	300	300
おもろまち駅									230	230	230	270	270	270	300	300	300	300
古島駅								230	230	230	270	270	270	300	300	300	300	340
市立病院前駅							230	230	270	270	270	300	300	300	300	340	340	340
儀保駅						230	230	270	270	270	300	300	300	300	340	340	340	340
首里駅					230	230	230	270	270	270	300	300	340	340	340	340	340	340
石嶺駅				230	230	230	270	270	300	300	340	340	340	340	340	340	340	340
経塚駅			230	230	270	270	270	300	340	340	340	340	340	370	370	370	370	370
浦添前田駅		230	230	270	270	270	300	340	340	340	340	370	370	370	370	370	370	370
てだこ浦西駅	230	230	270	270	270	300	300	340	340	340	370	370	370	370	370	370	370	370

（円）

多彩な用途がある！

2 バス
▶路線バス・高速バス

沖縄本島全域を網羅する路線バス。高速バスを利用すれば、那覇市内から美ら海水族館まで1本で行ける。

主なバス会社

琉球バス交通	☎098-851-4516
沖縄バス	☎098-862-6737
東陽バス	☎098-947-1040
那覇バス	☎098-851-4517

那覇から本島各地へのアクセス

📍旭橋・那覇バスターミナル **MAP** P.27C-2　📍那覇バスターミナル **MAP** P.27C-2　📍上泉 **MAP** P.29A-3

南部	南部	中部	中部	北部
斎場御嶽へ ▶P.136	**平和祈念公園へ** ▶P.138	**万座毛へ** ▶P.65	**やちむんの里へ** ▶P.66	**沖縄美ら海水族館へ** ▶P.110
📍那覇バスターミナル	📍那覇バスターミナル	📍旭橋・那覇バスターミナル	📍旭橋・那覇バスターミナル	📍那覇バスターミナル
東陽バス338番	琉球バス89番ほか	琉球バス20番・120番	琉球バス20番・120番	高速バス117番
約55分 850円	約45分 590円	約1時間40分 1420円	約1時間15分 1000円	約2時間18分 2440円
📍斎場御嶽入口 から徒歩約15分	📍糸満市場入口 で乗り換え	📍万座ビーチ前 から徒歩約15分	📍親志入口 から徒歩約10分	📍記念公園前 から徒歩約5分
	琉球バス82番			
	約20分 480円			
	📍平和祈念堂入口 から徒歩すぐ			

ハッチン やんばる急行バス
はちょこっとお得

高速道路で北部へアクセスできるやんばる急行バスは、那覇空港から美ら海水族館まで2000円で、通常の高速バスより550円お得。サービスエリアでの休憩もあるので安心。
やんばる急行バス
yanbaru-expressbus.com

ハッチン 那覇から本島北部へは
高速バスが便利

高速道路を使って本島を縦断できるのが、111・117番の高速バス。那覇空港や那覇バスターミナルから、名護市内に乗り継ぎなしでアクセス可能。117番は沖縄美ら海水族館まで直通で、所要約2時間。

ハッチン のりものNAVI Okinawaで
バス情報を検索

「のりものNAVI Okinawa」は、沖縄県内のバス会社4社の運賃、所要時間、乗り換え回数を調べられるサイト。スマホで利用できる無料アプリもある。
のりものNAVI Okinawa
https://www.busnavi-okinawa.com/top

注意 出発時間を考慮してスケジュールを

那覇空港出発の場合、運行は6時台から20時台まで。沖縄美ら海水族館からの帰りは17時台発が最終と時間が早いので、時刻表は事前にチェックしておこう。

注意 停留所や運行時間を事前に確認

111・117番は那覇発の場合約30分おきに運行するが、記念公園前（美ら海水族館の最寄りのバス停）発の場合は運行本数が若干少なくなる。

注意 路線は複雑。乗り間違えに注意を

那覇市内は特に路線が多く、中心部には多数のバス停がある。バス運転手など詳しい地元の人に行き方を尋ねるのも◎。
◎主要路線は付録MAP④の主要バス路線MAPをチェック！

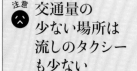

▶定期観光バス

定番の観光スポットを回れるバスツアー。自分で交通手段を調べる手間を省けるのがうれしい。

天候や休館日などで内容が変更になることも（注意）

悪天候の場合は予定が変わることがあり、施設の定休日の場合は別のスポットに変更になる。

沖縄のハイライトを効率よく回れる（バッチリ）

会社ごとにいくつかのコースがあり、行きたいスポットを効率よく1日で巡れるのが魅力。那覇から北部までなど、長距離移動も楽々。

主なコースと内容

主要観光スポット → コース名	出発地／時刻	首里城公園	ひめゆりの塔	平和祈念公園	おきなわワールド	イーアス沖縄豊崎	座喜味城跡	琉球村	万座毛	海洋博公園 美ら海水族館	今帰仁城跡	ナゴパイナップルパーク	古宇利島	所要時間	料金
沖縄バス【予約】☎098-861-0083 ☆=入館または有料区域への入場は別料金　□=水曜（祝日の場合は翌日）は県立博物館に変更															
おきなわワールドと戦跡めぐり	沖縄バス本社発 8:30	○	○	○	○									約7時間30分	5200円
沖縄美ら海水族館と今帰仁城跡	沖縄バス本社発 8:30								○	★	○	○		約10時間	7300円
那覇バス【予約】☎098-868-3750 ☆=入館または有料区域への入場は別料金　※=偶数日は沖縄フルーツランドに変更															
首里城・おきなわワールドコース	那覇BT発 9:00	★	○	○	○									約7時間	6000円
南国パラダイス東南植物楽園エンジョイコース	那覇BT発 8:45					○								約7時間15分	7500円
古宇利島・今帰仁城跡・美ら海コース	那覇BT発 8:30									★	★		○	約9時間	7000円

---

3 タクシー

小回りが利いて楽々な

地元ドライバーにおまかせして、ドアツードアで目的地まで連れて行ってもらえる。

主なタクシー会社

沖縄ハイヤー・タクシー協会	☎098-855-1344
沖縄県個人タクシー事業協同組合	☎098-850-5151

複数人なら1日貸し切りした方がお得（大人旅チョイス）

4人グループなど人数が多い場合は時間制の貸し切りもおすすめ。人数が多いほど1人当たりの料金が安くなる。料金はタクシー会社により異なるので確認を。

●時間と料金の例

4時間	1万3000円
5時間	1万5500円
8時間	2万3000円

駅前や主要スポットにタクシー乗り場がある（バッチリ）

主要な観光名所の入り口前やゆいレールの駅前、バスターミナルの近くにタクシー乗り場がある。那覇市内や名護市内、国道沿いは流しのタクシーも多い。

交通量の少ない場所は流しのタクシーも少ない（注意）

反対に、奥やんばるや南部など、交通量の少ないエリアでは見つけにくい。その場合、タクシー会社に電話して近くの車を呼んでもらおう。

初乗り560円

●那覇空港からの料金の目安

国際通り　約10分　1260円～
首里城公園　約20分　2100円～
平和祈念公園　約40分　3990円～
アメリカンビレッジ　約45分　4410円～

※上記の所要時間・料金は目安です。実際の道路状況やルートにより異なります。

本島から離島へ小旅行！

4 フェリー

本島から日帰りで楽しめる離島へ小旅行。人気のある主な島へのアクセスをチェックしよう。
※料金は片道を記載

那覇 泊港（とまりん）

那覇（なは）泊港（とまりこう）

MAP P.27C-1 ☎非掲載

所 那覇市前島3-25-1 交 那覇空港から約6km、ゆいレール美栄橋駅から徒歩約10分 P あり（有料）

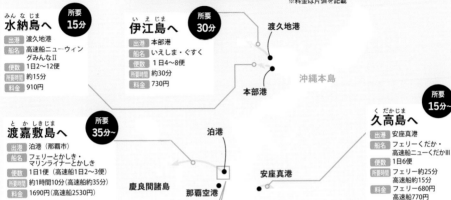

水納島へ
みんなじま

所要 15分

出港	渡久地港
船名	高速船ニューウィングみんなⅡ
便数	1日2～12便
所要時間	約15分
料金	910円

伊江島へ
いえじま

所要 30分

出港	本部港
船名	いえしま・ぐすく
便数	1日4～8便
所要時間	約30分
料金	730円

渡久地港

本部港

沖縄本島

渡嘉敷島へ
とかしきじま

所要 35分～

出港	泊港（那覇市）
船名	フェリーとかしき・マリンライナーとかしき
便数	1日1便（高速船1日2～3便）
所要時間	約1時間10分（高速船35分）
料金	1690円（高速船2530円）

慶良間諸島

泊港

那覇空港

安座真港

久高島へ
くだかじま

所要 15分～

出港	安座真港
船名	フェリーくだか・高速船ニューくだかⅢ
便数	1日6便
所要時間	フェリー約25分 高速船約15分
料金	フェリー680円 高速船770円

泊港詳細図

「マリンライナーとかしき」の乗船券はココでも買える（出航1時間前から）

「クイーンざまみ」の乗船券はココでも買える（出航1時間前から）

浦添↑

北岸船客待合室

7号岸壁

マリンライナーとかしき 渡嘉敷島へ

クイーンざまみ 座間味島・阿嘉島へ

南大東島・北大東島へ だいとう

フェリーざまみ 座間味島・阿嘉島へ

1号岸壁

久米島・渡名喜島へ ニュー〈めしま フェリー琉球

6号岸壁

5号岸壁

フェリーとかしき 渡嘉敷島へ

フェリー粟国 フェリー粟国

4号岸壁

3号岸壁

入口 出口 駐車場ビル

とまりん 野外広場

市営地下駐車場

58

乗船券売場 きっぷはココで

とまりん ターミナルビル

泊ふ頭入口 ↑那覇空港

43

ハイシーズンは事前予約が吉！

フェリーのチケットは当日港で購入することも可能だが、ハイシーズンは満席になることも多い。電話などで事前に予約を。

注意 出航前は時間に余裕を持って

出航前は港が混雑する。特にハイシーズンは駐車場もいっぱいになるので、最低20分前くらいには港に到着しているのが理想。

旅の ❤︎＆注意 ネタ こんなことにも注意！

街

渋滞を予想して早めの行動を

旅行者の増加に伴い街なかは渋滞が起こりやすくなっている。那覇市中心部、那覇から北上する国道58号、美ら海水族館周辺に多い。

山

注意 植物は安易に持ち帰ってはダメ

土のついた植物などは害虫を本土に持ち込まないため、植物検疫の対象になる。野菜やフルーツはほとんどOKだが、紅イモはNG。

注意 山道は動物の飛び出しに注意

北部のやんばるなど、亜熱帯の森が広がるエリアには野生の動物も多数。山道を運転する際は特に、スピードの出し過ぎに注意を。

海

注意 天然ビーチでクラゲに刺された！

監視員やクラゲネットのないビーチは自然のままの美しさが魅力だが、ケガには要注意。管理されたビーチの方が安全に遊べる。

海水浴にはラッシュガード

7～8月の日差しはやけどするほど強烈。海水浴の際、水着の上に半そでのTシャツやマリンスポーツ用のラッシュガードを着ると安心。

その時にしか
出合えない絶景があります

沖縄歳時記

常夏のイメージのある沖縄だが、シーズンによって気候や見どころも異なる。
季節ごとの特徴を把握して、旅の計画に役立てよう。

3月
サングヮチ

春の陽気を感じる過ごしやすい季節。春休みに入る月の後半は観光客が増加する。

2月
ニングヮチ

春一番が吹く頃は防寒具が必須だが、徐々に春らしい気候に。降水量は少なめで過ごしやすい。

1月
ソーグヮチ

冷え込む日は、薄手のコートが必要になることも。冬休みを過ぎると旅行代金が安くなる傾向に。

ホエールウォッチング

冬限定のアクティビティ。12～4月頃、ザトウクジラが出産のため沖縄の海にやってくる

桜の見頃

1月下旬～2月上旬頃は、カンヒザクラなどの桜が咲き、濃いピンク色の花をつける

島にんじん
の旬は
11～3月頃

おきなわマラソン
沖縄市・沖縄県総合運動公園ほか

2月中旬

ヤシ並木や米軍基地の中を走るフルマラソン。10kmコースで行われる

首里城公園「新春の宴」
那覇市・首里城公園

1月1日～3日

琉球王国時代の正月儀式の再現や宮廷音楽の演奏など。伝統芸能の披露も

9月
クングヮチ

台風が最も多い季節。台風の影響でツアー料金などは安くなる。晴れた日は真夏の暑さに。

8月　ベストシーズン
ハチグヮチ

猛暑が続くので、熱中症や日焼け対策を万全に。旧盆前後には、各地で祭りが行われる。

7月
シチグヮチ

ベストシーズンの到来。晴天の日が続き、エメラルドグリーンの美しい海が見られるのもこの季節。

台風シーズン

8～9月は台風の接近・上陸が多く、飛行機は欠航・遅延することも。気象情報は要確認

旧盆

沖縄では新暦より旧暦7月13～15日のお盆が重要。親族が集まり先祖をお迎えする

マンゴー
の旬は
5～8月頃

沖縄全島エイサーまつり
沖縄市・コザ運動公園ほか

9月中旬

伝統的なものから創作まで、各地から踊り手の団体が集まりエイサーを披露

ゴーヤー
の旬は
5～10月頃

海洋博公園サマーフェスティバル
本部町・海洋博公園

7月中旬

ステージイベントや花火などが見どころ

▼ベストシーズンは7～8月頃

最も人気のシーズンは、夏休みに入り、海が真っ青に映える7～8月。この時期はツアー料金も高くなる。また、4月から梅雨入り前の5月前半は、夏場ほど日差しも強くなく、「うりずん」と呼ばれる最も気候がよい季節。

▼お得に旅するなら1月や11月など

海水浴のオフシーズンは、旅行客も少なくツアー料金などは安くなる。なかでも11月や1月後半は比較的旅行客が少ない時期と言われている。海水浴はできないが、ホエールウォッチングなど冬ならではの見どころもあり、主な観光施設は年中営業しているので、お得に旅をするなら狙い目。また、台風シーズンで天候が安定しない9月も、航空券代金などが安くなりやすい。

6月
ルクグワチ
梅雨明けは例年、23日の慰霊の日の前後。気温はぐんぐん上昇し、夏本番になる。

5月
グングワチ
半袖でも快適に過ごせるくらい暖かい気温。本土よりひと足早く、中旬には梅雨入りする。

4月
シングワチ
年間で最も気候がよい季節。県内各地のビーチで海開きが始まり、5月上旬まで旅行料金は高くなる。

梅雨

> 5月下旬から6月下旬頃は雨量が増加するが、一時的な集中豪雨が多く、晴れ間もある

うりずん

> 沖縄の方言で、春先から梅雨入りまでの過ごしやすい季節のこと

海水浴シーズン

糸満ハーレー
糸満市・糸満漁港　旧暦の5月4日(6月頃)

毎年旧暦の5月に開催。サバニと呼ばれる舟の速さを競う勇壮な伝統行事

那覇ハーリー
那覇市・那覇港新港ふ頭　5月3日～5日

竜をモチーフにした全長14.5mの爬竜(はりゅう)船の競漕は大迫力!

島ぜんぶでおーきな祭
那覇市・ほか　4月下旬

映画、お笑い、音楽などイベント満載のエンターテインメントの祭典

12月
ジュウニグワチ
日照時間が短くなり、寒波が到来する。日中でも、コートやジャケットでの防寒対策が必要。

11月
ジュウイチグワチ
ようやく秋めいて気候も安定する頃。薄手の上着があると便利。一年の中でも旅行料金は安くなる。

10月
ジュウグワチ
10月末で海水浴シーズンが終了する。朝夕は気温が低く、過ごしやすい日が続く。

> ビーチの海開きは春分の日前後から10月頃まで。水温が上がる6月以降がおすすめ

シークヮーサー
の旬は
10～12月頃

海水浴シーズン

読谷山焼陶器市
読谷村・やちむんの里　12月中旬

やちむんの里で、2つの窯元により行われる。通常より焼き物が安く購入できる

首里城復興祭
那覇市・首里城公園　10月下旬から11月3日頃

華やかな国王王妃の登場や、伝統衣装に身を包んだ古式行列の再現など

那覇大綱挽まつり
那覇市・国道58号久茂地交差点　10月上旬

全長200m、重さ40tの大綱を約1万5000人で挽き合う。観光客も参加できる

※伝統行事・イベント情報は原則として、例年の内容をもとにした2023年4月現在の情報です。新型コロナウイルス感染症の影響で、中止、および内容や開催時期が変更になる可能性がありますので、あらかじめ最新情報をご確認のうえお出かけください。

INDEX 索引

日本の美をたずねて

大人絶景旅

沖縄 慶良間諸島

'24-'25年版

STAFF

編集制作	株式会社ランズ
取材・執筆	株式会社ランズ
	清水由香利
	明神琴音
	若宮早希
撮影	北原俊寛
	大城 亘
写真協力	西 康代
	沖縄観光コンベンションビューロー
	関係各市町村観光課
	関係諸施設
	朝日新聞社
表紙デザイン	bitter design
	矢部あずさ
本文デザイン	bitter design
	矢部あずさ
	田口奈央
地図制作	s-map
イラスト	岡本倫幸
	石嶋弘幸
組版・印刷	大日本印刷株式会社
企画・編集	朝日新聞出版
	白方美樹

おとなぜっけいたび
大人絶景旅
おきなわ けらましょとう
沖縄 慶良間諸島 '24-'25年版

2023年6月30日　第1刷発行

編　著　朝日新聞出版

発行者　片桐圭子

発行所　朝日新聞出版
　　　　〒104-8011　東京都中央区築地5-3-2
　　　　（お問い合わせ）infojitsuyo@asahi.com

印刷所　大日本印刷株式会社

©2023 Asahi Shimbun Publications Inc.
Published in Japan by Asahi Shimbun Publications Inc.
ISBN　978-4-02-334740-3

この地図の作成に当たっては、国土地理院長
の承認を得て、同院発行の20万分1地勢図及
び2万5千分1地形図を使用した。
（承認番号　平30情使、第561号）